高中地理教学设计与教学实践研究

孙俊杰　著

中国建材工业出版社
北　京

图书在版编目(CIP)数据

高中地理教学设计与教学实践研究/孙俊杰著. --北京:中国建材工业出版社，2023.12
ISBN 978-7-5160-3911-3

Ⅰ. ①高… Ⅱ. ①孙… Ⅲ. ①中学地理课—教学研究—高中 Ⅳ. ①G633.552

中国国家版本馆 CIP 数据核字(2023)第 222324 号

高中地理教学设计与教学实践研究
Gaozhong Dili Jiaoxue Sheji yu Jiaoxue Shijian Yanjiu
孙俊杰　**著**

出版发行:中国建材工业出版社
地　　址:北京市海淀区三里河路1号
邮　　编:100044
经　　销:全国各地新华书店
印　　刷:北京传奇佳彩数码印刷有限公司
开　　本:787mm×1092mm　1/16
印　　张:9.75
字　　数:130千字
版　　次:2024年1月第1版
印　　次:2024年1月第1次
定　　价:59.80元

本社网址:www.jccbs.com,微信公众号:zgjcgycbs

前言

地理学是研究地理环境以及人类活动与地理环境之间关系的学科，具有综合性和区域性等特点。地理学兼有自然科学和人文社会科学的性质，在现代科学体系中占有重要地位，对于解决当代人口、资源、环境和发展问题具有重要作用。高中地理课程是与义务教育地理课程相衔接的一门基础学科课程，其内容反映地理学的本质，体现地理学的基本思想和方法。地理课程旨在使学生具备人地协调观、综合思维、区域认知、地理实践力等核心素养，学会运用地理的视角认识和欣赏自然与人文环境，提高生活品位和精神境界，为培养有见识、有胸怀、有责任感、有行动力的公民奠定基础。

随着地理新课程改革的深入，地理教学设计备受关注。通过教学设计，教师可以预先实现对教学活动基本过程的整体把握。良好的教学设计同时也为教学活动的有效实施提供科学合理的行动纲领，有利于调动教师和学生双方在教学活动中的积极性、主动性，有利于引导教学活动取得良好的教学质量和教学效果。

本书是关于高中地理教学方面的书籍，主要对高中地理教学设计与教学实践进行研究。本书首先对高中地理教学进行概述，然后对地理教学设计进行详细分析，并分别从导入、提问、结束等方面对地理课堂教学设计进行研究，之后探讨了高中地理有效教学和实践教学模式体系的构建，最后对高中地理实践教学中教师专业发展体系方面进行了研究。

在编写本书的过程中，笔者查阅和借鉴了大量的相关资料，在此向其作者表示诚挚的感谢。此外，在本书编写的过程中，得到了相关专家和同行的支持与帮助，在此一并致谢。由于水平有限，书中难免出现纰漏，恳请广大读者指正。

编　者

目录

第一章　高中地理教学概述

第一节　高中地理教学的功能

一、高中地理教学的德育功能

地理教学的德育功能具有全面性、系统性、现实性等优势特征。地理教学内容和形式富含德育要素。地理教学中的德育要素可以从多种角度考查，如可以分为爱国主义教育、社会主义教育、集体主义教育、艰苦奋斗教育等要素，也可以分为理想教育、观念教育、意志教育、情感教育、性格教育等要素。各种要素分类和整合，适应不同的研究和应用的需要。本节从当前社会对地理教学德育功能的需求以及地理教学中德育改革与发展的角度来研究地理教学德育功能的构成。

（一）思想政治教育

1. 爱国主义教育

爱国主义是中华民族传统美德的核心内容之一，新一代青少年正是这一传统美德的继承者和发扬者，因此，培养他们的爱国情感和报国之志显得尤为重要。高中地理教材以其独有的形式蕴含丰富的爱国主义教育素材，地理教师可充分利用其优势，广泛地挖掘教材本身的爱国主义元素。例如，通过我国优越的地理位置、辽阔的国土、美好的河山、富饶的自然资源和优美的自然风光，让学生感受到祖国山河之美，培养其民族自豪感；通过中华人民共和国成立以来，特别是改革开放以来我国在工农业生产、城市和交通建设、商业的发展等方面取得的伟大成就，弘扬社会主义制度的优越性；通过使学生了解虽然我国自然资源丰富，绝对数量居世界前列，但有些资源利用不合理，存在一部分资源破坏严重的情况，增强学生的忧患意识，使其树立建设祖国的紧迫感和使命感。

2. 正确的全球意识教育

“面向世界”的教育，在学校教育中很大部分是落实在地理学科教学中的。当前地理教学中的全球观教育是以往地理教学中国际主义教育的改革与发展，是为了适应当今世界的全球化趋势。全球意识教育是地理教学中的德育新问题，因此要正确认识这项教育的本质和必要性。

我国地理教学中的全球意识教育被冠以“正确”这一限定词，说明这项教育具有我国独特的立场和观点。正确的全球意识教育考虑到各国国情的不同，考虑到全球化的趋势与区域化的趋势、各国各具特色的发展趋势的并存，考虑到国家之间的社会生态关系，不存在单一模式，反对强加于人，提倡和平共处。正确的全球意识教育是改革开放教育的重要组成部分，树立的是正确的开放观，既反对盲目排外的意识，又反对崇洋媚外的意识；树立的是正确的改革观，既要从本国实际出发，又要将本国置于世界背景之下，正确看待改革方向。

3. 辩证唯物主义教育

地理教学中的辩证唯物主义教育，包括自然辩证观教育和历史辩证观教育。自然辩证法援引的例子有很多属于地球科学，学校自然地理教学中含有丰富的自然辩证观教育因素，学校人文地理教学中含有丰富的历史辩证观教育因素。尤其是人地关系教学，是体现唯物辩证观的极好载体，具有极高的教育价值。辩证唯物主义教育不仅寓于系统地理教学中，也寓于区域地理教学中。

（二）个性品德教育

1. 科学态度和创新意识教育

自然地理教学涉及许多自然规律及对自然现象本质的探索，富含科学教育因素；人文地理教学涉及多门人文科学的社会规律及对人文现象的正确认识。因此，地理教学在自然和人文两方面都能培养学生实事求是、遵循客观规律的科学态度，以及科学探索的浓厚兴趣和强烈动机。地理教学涉及学科之广，为学校学科教学之最，因而具有独特的科学精神和态度的教育优势。

2. 环境伦理和社会生态教育

环境伦理教育是地理教学固有的功能，而明确提出在地理教学中进行环境伦理教育的时间则不长。地理教学中的环境教育是事关人类兴衰存亡的重大教育任务。环境问题不仅是认识上是非判断的问题，也是情感上道德判断的问题。地理教学中涉及的许多环境问题案例，也可以揭示其环境伦理层面上的好坏善恶，只有这样才能促使人们择善而行，不做破坏环境的行为。

社会生态方法对于协调人地关系有重大作用。社会生态的理念和方法随着学校地理课程的改革而愈显重要。树立正确的社会生态观必须通过地理教学中社会生态失调与社会生态协调的事例才能实现。

3. 健康个性和人际关系教育

地理教学内容大到全球，小到乡土，都是与人类社会发展密切相关的重大问题。因此，地理教学可以使学生树立崇高的理想、远大的志向以及养成务实的态度、积极的价值取向等健康的个性品质。地理教学中实践活动较多，这十分有利于培养学生坚强的意志、艰苦奋斗的精神等良好的个性品质。

地理教学中的人文精神和社会生态理念有利于进行正确人际关系的教育。地理教学能够使人明白，不论是社会中的个人还是国际社会中的国家，要取得自身长足的发展都要面临正常的竞争和永久的合作。通过对地理问题的学习，学生更能意识到人际关系协调的重要性。地理教学中较多的实践活动有利于学生体验竞争和合作，有利于培养学生的团队精神。对于比较复杂的地理问题，教师只有在地理教学中发挥群体协作的优势才能解决。

二、高中地理教学的智育功能

地理教学的智育功能具有多样性、边缘性、具体性等优势特征。地理教学中的智育功能可以分为知识教育功能和能力教育功能两个主要方面。

（一）知识教育功能

1. 传授地理基础知识

高中教育是学生智力发展过程中的重要阶段，在这一阶段学生所学的各科知识很多都是基础知识。地理教学在高中教育中的一个重要作用就是向学生传授地理基础知识，包括感性知识和理性知识两类。

（1）地理感性知识

地理感性知识由地理名称、地理分布、地理景观、地理演变和地理数据等事实材料构成，又称为“地理事实”，它反映客观地理事物的表面现象和外部联系。这种地理知识是直观的、具体的，它是形成地理知识体系的基础。只有向学生传授一定数量的地理事实，使学生形成地理观念，学生才能在这一基础上揭示地理事物的特征，形成地理概念，获得地理理性知识。

地理名称，也可简称为“地名”，是重要的地理基础知识，其他地理基础知识没有地名就无法具体表述和加以区别、比较。地名在经济建设、国防建设以及人们的生活和学习中都具有重要意义。一个人所掌握的地理名称的数量在某种程度上反映了其基本的地理文化素质。

地理分布知识即分布在各个国家和地区的地理事实知识，包括政区分布、各种自然地理要素的分布以及人口、民族、资源、经济部门、交通线路、城镇居民点的分布等，内容十分广泛。地理事实的分布具有空间性，都能表示在地图上，这对于培养学生认识地理事物和现象的位置、形成空间概念具有重要的意义。

地理景观知识是反映各种地理景象或景色的地理感性知识，包括自然和人文两类，它们反映地理事实的表观现象和外部联系。这种知识直观、形象，容易使学生形成对有关地理事实的印象。学生进一步认识这些地理事实的特点，形成地理概念，对获得理性知识起着重要的作用。

地理演变知识是反映地理事物和现象发展变化过程的知识，分为自然地理方面的演变知识和人文地理方面的演变知识，前者如四季交替、地壳演变、水循环等，后者如城市发展、工业布局的变化、交通线路的发展等。这类知识有助于使学生建立地理事实随时间推移而发展的动态观念，加深对地理名称、景观及其空间分布的理解。

地理数据，又称地理数字，是对地理事实的定量表述，包括指量数字（绝对数字）、顺序数字和比例数字三类。地理数据在地理知识体系中用于同类地理事实的比较，能直观反映其数量差异，对于认识地理事物和现象的规律具有巨大的作用。

(2) 地理理性知识

地理理性知识由地理特征、规律、成因等基本原理构成，故可简称为“地理原理”。它是反映地理事实的本质特征和内在必然联系的知识，是概括的、抽象的，是地理感性知识的进一步升华和发展。地理教学不仅讲授地理感性知识，而且在讲解地理名称和数据、地理分布、地理景观的基础上进一步引导学生进行思维活动，对感性材料进行分析、概括，总结地理特征，找出地理规律，分析地理成因，使学生不仅知道“是什么”“在哪里”，还知道“怎么样”和“为什么”，形成较为完整的地理知识体系，从而培养学生的地理思维能力，特别是比较、分析、综合和逻辑推理的能力。

地理特征是反映各种地理事物和现象异同点的地理知识，包括一般地理特征、个体地理特征和区域地理特征三类。一般地理特征反映同类地理事实的共同本质属性，如河流的特征；个体地理特征反映特定的地理事物和现象的本质属性，如长江的特征；区域地理特征反映某一区域的自然和经济特征，表示这一范围内许多个体地理事实的共同本质属性，如我国河流的特征。这三类特征的讲授，能使学生从地理事实的共性、个性和区域性上认识其本质属性，为学生形成相应的概念奠定基础。

地理规律是反映地理事物和现象必然联系的规律性的理论知识，包括地理演变规律和分布规律，是地理演变知识和分布知识的深化与发展。地理演变知识的讲授能使学生学会在认识各种地理事物和现象发展变化过程时运用抽象思维，从中概括出规律性；地理分布知识的讲授能使学生学会分析不同的数据、判读各种地理分布图，并从中分析、概括出不同事物空间分布的规律性。

地理成因是反映地理事物和现象的因果联系、揭示地理特征和地理规律形成原因的地理基础理论知识。在地理教学中，教师不仅要教给学生某些地理事实，使学生掌握若干地理特征和规律，而且要使学生认识这些地理事实、地理特征及规律的产生原因，解决学生在认知过程中必然产生的“为什么”的问题，使学生形成完整、系统的地理性思维，并锻炼和发展他们的智力。

2. 培养地理基本技能

培养地理基本技能常与传授地理基础知识合在一起，称为地理教学中的“双基”教学，二者构成地理教学活动的主体，是提高学生地理素质的主要途径。

培养学生的地理基本技能就是培养学生将所获得的地理知识用于实践的能力，即实际运用地理知识的能力。教师只有通过地理基本技能的培养，才能使学生将所学到的基础知识巩固下来，学生再经过反复运用，进一步加深对基础知识的理解。这种反复运用的过程，就是地理教学中的练习。教师通过练习，可以培养学生的地理观察能力、想象能力、记忆能力、思维能力和实际操作能力，还可以充分调动学生的学习积极性、主动性，拓展学生的学习思维，使学生理解学习过程、学会学习方法，以提高教学的效果。

学生学习、掌握一定的地理技能，不仅是获取和运用地理知识的必备条件，还是提高自身地理能力、发展自身智力的重要途径。学生具备了一定的地理技能，就可以独立地、随时随地地吸取地理新知识。因为学生在学校的时间是有限的，在课堂内更是无法将所有的知识学到手，所以教师培养学生独立获取新知识的能力比传授知识更为重要。这就要求教师在教学中运用各种教学手段，采用多种方法和途径让学生掌握基本技能，使其能够独立获取新知识。学生掌握了这个“金钥匙”，就会觉得经常有新的知识可学，就会不断地寻求知识、发现知识，向更深、更广的领域进军。

（二）能力教育功能

地理教学中的能力教育，即能力培养，也可以从不同角度加以分析。例如，可以从动脑的智能的形成和动手的技能的形成来讨论，也可以从信息的接收、加工处理、存储、提取、运用等环节的能力形成来讨论。本节仅从学习、实践和创新能力三个层次来讨论地理教学的能力教育功能。

1. 学习能力教育

学习能力是在学习实践中逐步形成的，学习能力的培养不能脱离教学过程。学校教学的最终目的都不是教学过程中所传授的有限知识，而是以有限的基础知识为媒介，使学生学会学习。学习能力是多方面的，地理教学中的学习能力因素具有全面性、实用性的特点。

地理教学所涉及的知识非常广泛，这些知识具有较强的边缘性、交叉性、综合性，因此，地理知识的教学能使学生形成多种学科的乃至多学科综合的学习能力，如文理交叉的学习能力、多因素综合的学习能力。

地理教学的形式多样，既要动脑，又要动手，而且所涉及的智能和技能类型比较齐全。地理教学中能力培养的优势广泛体现在观测能力、操作能力、制作能力、读图和绘图能力等技能方面，以及观察能力、思维能力、想象能力和记忆能力等智能方面，在各科教学中是突出的。地理教学的方式多样，有利于培养自学能力和集体学习能力、课堂学习能力和课外学习能力、学校学习能力和社会学习能力等。

2. 实践能力教育

地理教学具有很强的实践性，在实践能力培养方面具有独特的优势。长期以来，学校教育存在一个误区，即将地理教学中实践能力的培养看作单纯技能的培养，贬低了地理教学在能力培养方面的价值。其实，地理教学中所培养的实践能力同所培养的学习能力一样，都是由智能和技能组成的。在地理教学过程中，学习能力与实践能力发展的机会都很多，学习—实践—再学习—再实践，如此循环往复，这是教学中能力发展的必由之路。实践并不仅仅是学习成果的简单再现，更重要的是学习成果在新情境中的应用和升华，从而获得知识与实践能力的双发展。

3. 创新能力教育

创新能力教育是能力教育中最高层次的教育。地理教学在创新能力教育方面也有其独特的优势。地理教学中创新能力的培养，基于比较广泛、比较齐全的学习能力和实践能力的培养。见多识广、动脑动手机会多，是创造意识和创造能力形成的沃土。

从科学假说到科学技术，从古代、近代到现代，地理教学由此拥有较多的创新能力教学案例。在地理教学内容中不乏有待探索的重大问题、有待破解的科学之谜，对于培养学生的创新意识非常有利。

地理教学中思维能力的培养，既有收敛式的，又有发散式的；既有正向的，又有逆向的；既有归纳演绎，又有类比；既有逻辑思维，又有辩证思维。地理教学中智能的培养，最突出的是想象能力，其中包括再造性想象与创造性想象。这些因素都有助于创新能力的培养。

三、高中地理教学的美育功能

地理教学中的美育因素，也像地理教学中的德育因素和智育因素一样丰富。地理教学中的美育功能也可以从不同的角度加以分析，本节仅从自然美、人文美、人地协调美三方面加以讨论。

（一）自然美教育功能

地理教学中的自然美教育功能主要体现在自然地理教学内容中。自然地理教学内容宽泛，宇宙、海陆、山川、自然生态等无所不及，自然景观美体现得比较全面。

地理教学内容已从静态发展到动态，无论是按地质年代还是按人类历史，无论是沧桑巨变还是时令瞬变，自然地理演变的动态美都在地理教学内容中有比较充分的体现。

地理教学中的远足考察方式以及多媒体演示方式，都能将自然美展现得比较充分，有利于培养学生对自然美的鉴赏意识和审美能力。

（二）人文美教育功能

地理教学中的人文美教育功能主要体现在人文地理教学内容中。人文地理教学广泛涉及各种人文现象和人文景观，包括人种、民族、城市、乡村、农业生产、工业生产、交通通信、贸易、文化、旅游、政治等，其中有大量的多姿多彩的人类创造的物质文明美和精神文明美。地理教学介绍的人类社会的时空差异，可以使学生欣赏到时空异质美以及人文现象演变的节律美、人文现象分布的规律美。地理教学为学生提供了深入社会观察和调查的机会，多媒体手段对此做了补充，这有利于培养学生人文美的审美意识与能力。

（三）人地协调美教育功能

随着社会的进步，社会审美观念也在更新，人地协调美已成为全球追求的高层次美。人地协调美的教育作为最高层次的美育，落实到地理教学之中，地理教学的美育功能因此而价值倍增。

随着地理课程的更新，无论是区域地理教学中，还是人文、自然地理教学中，都贯穿着以人地协调美为核心的美育主线。

地理教学揭示了许多全球性人地关系失调问题，正是从反面进行人地协调美的教育。地理教学中的可持续发展教育蕴含着地理教学中最高水平的美育，可以充分体现人地关系的对称美、和谐美和协调美。人地关系的协调美不只表现为自然生态美，也体现为社会生态美，如民族和睦美、社会进步美、国家统一美、世界和平美等。

第二节　高中地理教学的目标

一、高中地理教学目标的内容

高中地理课程的总目标是通过地理学科核心素养的培养，从地理教育的角度落实立德树人的根本任务。具体目标如下。

（1）学生能够正确地看待地理环境与人类活动的相互影响，深入认识二者相互影响的不同方式、强度和后果，理解人们对人地关系认识的阶段性表现及其原因，认同人地协调对可持续发展具有重要意义，形成尊重自然、和谐发展的态度。

（2）学生能够形成从综合的视角认识地理事物和现象的意识，对地理各要素之间的相互作用关系有较强的分析能力，并在一定程度上解释地理事物和现象发生、发展的过程，从而较全面地观察、分析和认识不同地方的地理环境特点，辩证地看待地理问题。

（3）学生能够形成从空间—区域视角认识地理事物和现象的意识，对地理事物和现象的空间格局有较强的观察力，并运用区域综合分析、区域比较、区域关联等方法认识区域，简要评价区域现状和发展。

（4）学生能够运用所学知识和地理工具，在室内、野外和社会的真实环境下，通过考察、实验、调查等方式获取地理信息，探索和尝试解决实际问题，具备活动策划、实施等行动能力。

二、高中地理教学目标的功能

（一）指导教学的功能

对于地理教师来说，地理教学目标给教师提供了教学上明确的知识、技能、情感等多维度的目标和教学方法的依据。教师在设计地理教学目标的过程中，必须深入钻研教学大纲（课程标准）和教学内容，并对学习对象等做出系统分析，综合考虑教学方法、教学组织形式、教学媒体、教学评价等方面，以利于整个教学过程的优化。简而言之，要教有目标。地理教师要想制定好地理教学目标，不但要有扎实的学科专业知识和相关学科知识，还要掌握一些教学设计的基本原理、方法和技能。地理教师只有通过这些知识的学习和运用，掌握地理教学目标的设计，其专业素质和教学水平才会提高。学生明确了地理教学目标后，可在学习中减少盲目性，确定学习重点和难点，从而更好地制订学习计划，学好地理基础知识和技能，即学有目标。

(二) 激励功能

目标作为观念形态的价值意识反映了人的需要，当需要带着清晰而明确的目标和目的意识，并延伸到人的行为领域同行为相联系的时候，则形成动机。在地理教学中，教学目标确定后，学生产生要达成目标的强烈渴望，形成学习动机。同时，学生由于了解了确切的学习目标与要求，在达到教学目标以后，会增强学习的成功感，从而进一步激发学习地理的积极性，而且在以后的学习中更有把握。

(三) 评价功能

现代教学目标理论兴起的原因就是现代教育评价学的需要。一方面，地理教学目标为地理教学科学评价提供了客观标准。有的专家认为，评价一堂课的好坏，标准只有一个，那就是看教学目标是否达到。这种说法虽有失偏颇，但也不无道理。在目前的地理教学评价体系中，教学目标也是评价的一个重要指标。它主要通过对教学目标的设计、表述、完成等进行教学质量方面的考核。另一方面，教学目标是设计标准参照测试题的基础。对学生学习的测评来讲，有了教学目标的具体指向，就可以实行以地理教学目标为标准的参照测试。所以，教学目标也具有检测教学效果的功能。

三、高中地理教学目标的设计

(一) 高中地理教学目标设计的依据

1. 社会需要

设计地理教学目标要依据社会需要，并能使它体现出促进社会发展的根本目的之一。地理教学活动从产生的时候起，就体现了它的发展总是与社会的政治、经济、文化密切相关的特性：从 15 世纪的地理大发现（资本主义初期生产力蓬勃发展，商业、航海业的范围不断扩大），17 世纪地理课程开始进入西方的学校学科教育（商业的发展与交往联系的扩大、对市场及原料掠夺竞争的日趋激烈，对地理教学提出了更高的要求），19 世纪现代地理学及现代地理课程的兴起，到当今 21 世纪可持续发展观念成为地理教学的重要内容，都充分说明了地理教学活动是一定社会需要的产物，这种社会需要集中体现在地理教学的内容中，往往以纲要的形式规定在地理教学大纲（课程标准）之中，并以地理教学目的的形式确定下来。所以，在设计地理教学目标时，社会需要是首要的依据。

2. 学生的身心发展规律

学校地理教学是控制并促进学生发展的过程。因此，在设计地理教学目标的过程中必须结合学生的身心发展规律，从学生的实际情况出发，制定科学的地理教学目标。这里的身心发展规律有如下两方面的含义。

第一，不同年龄阶段的学生有不同的生理、心理发展特征。例如，按学生认识能力的发展特征，地理教学目标的设计应由简入繁、由浅入深。从发展阶段而言，与中小学生相比，高中生的思维过程能逐渐摆脱直观形象和直观经验的限制，其逻辑思维能力优于初中阶段，在情感和意志方面也不再满足于幻想，而是在对社会、自我认识的基础上构建人生理想。所以，高中地理从学科体系上更注重地理科学知识的系统性。同时，地理教学目标的设计也要使学生形成人地协调发展意识，尤其要认识现在和未来社会可持续发展的必要性与主要途径。教学目标的设计应注意地理规律与地理问题的应用、分析、综合方面的具体设定。

第二，学生存在个体差异。学生无论是在内在的潜能、先天的素质，还是在外在的生活环境等方面都存在差异，因此，学生的个体差异是教师在设计地理教学目标时应充分考虑的因素。体现在地理教学目标中，教师应注意目标设计的起点，使教学目标不脱离大部分学生的实际需要。

3. 地理学科的特点与内容

任何一门课的教学都必须以这门学科的特点和内容为基础。地理教学目标的设计是为地理教学服务的，当然更不能脱离这一中心，否则必然会失去地理教学的科学性。

首先，地理学科主要有以下几个特征：①综合性。地理学科的研究范围十分广泛，涉及大气圈、水圈、岩石圈、生物圈与人类智慧圈五大圈层的各种地理要素以及它们之间的相互关系、发展变化的过程。所以，地理学科不只反映客观世界的单一要素和单一过程，还从整体上反映人类周围的客观世界，即地理环境。所以，综合性是地理学科的一个重要特征；②地域性。任何自然和人文的地理事象最终要落实到一定的地域空间。地域的整体性和差异性是地理学科的核心内涵之一，更是地理学科区别于其他学科的最本质特性；③开放性。地理学科内容所包括的五个圈层系统都呈开放的状态，每时每刻都与外界系统发生着物质、能量、信息的传递与交流。这种开放性的特点使得地理学科横跨自然学科与社会学科，与物理、化学、生物、历史、政治等自然、社会学科相互联系；④实践性。地理学科本身是人类在实践的基础上形成并不断发展的，因此对地理环境的正确认识，要与实践密切结合。

其次，从目前的高中地理教学内容来说，高中地理主要以人地关系为主线，讨论地球的整体自然环境及地表上人类活动的基本规律和问题。概括来说，地理学科的内容主要包括以下四个方面：①研究地面各种地理事象的分布，并探究其原因；②反映地理事物与地理现象间的相互联系和地区差异性；③探寻地理事象变化发展的规律；④阐明人和地理环境的正确关系。教学目标的设计自然也要围绕这几方面内容展开。

(二) 高中地理教学目标设计的要求

1. 系统化

设计地理教学目标的系统化要求，主要有三层含义。

首先，要遵循教学目标自身的系统性特征。现代教学论指出，教学目标实际上有教育目的、培养目标、课程教学目标、单元教学目标和课时教学目标五个层次，它们通过不断地具体化，由上而下形成一个完整的体系（图1—1）。对高中地理教学而言，地理教育目的、培养目标、地理课程教学目标都已由国家的教育方针政策、课程计划、教学大纲（课程标准）做出规定，对于广大地理教师来说，地理教学目标的设计主要是设计单元教学目标和课时教学目标。在进行这两项教学目标设计时，教师必须考虑到目标体系的系统性，即目标的横向作用和纵向联系、各层次目标的连续性和递阶性，以达到目标间的相互联系、相互促进。

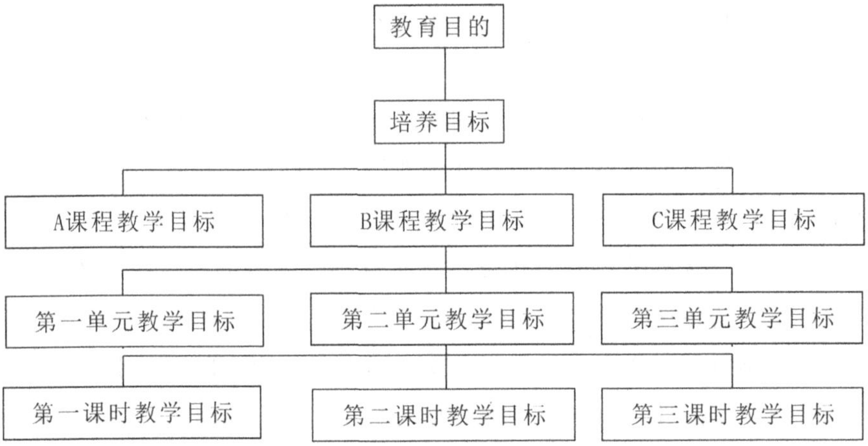

图 1—1　教学目标体系

其次，在设计地理教学目标时，要综合考虑和分析地理教育教学系统的各个要素，如教师、学生、课程内容、教学条件等，其中包括分析地理教师的专业水平、学生的心理生理条件及社会背景等。

最后，设计地理教学目标也要把地理教学目标的设计看作教学设计过程的一个步骤。一般认为，教学设计的理论模式包含四个基本因素：分析教学对象、制定教学目标、选用教学方法、开展教学评价。教学目标的设计是居于这一设计系统过程的基础和中心位置的，与其他各项相互制约、相互联系。教师在设计教学目标时，要综合考虑、全面平衡。

2. 具体化

设计地理教学目标的具体化是指教学目标的表述力求明确具体，可观察、可测量，避免用含糊不清和不切实际的语言表述。例如，在教学目标的表述中出现“培养学生对大自然的审美和观察力”“发展学生地理综合分析能力”“体会我国劳动人民的勤劳与智慧，升华热爱祖国的思想感情”等，这些表述往往是用描述内部心理的词语来描述的，而这样的内部心理状态是无法明确和观测的，所以这样的地理教学目标是不精确、不适合的。

四、高中地理教学目标的再设计

所谓再设计，简单来说，就是再次设计。进行地理教学目标再设计，对于运用地理教学目标设计理论解决地理教学目标设计中的问题具有重要意义。

（一）地理教学目标再设计的意义

正确认识地理教学目标设计存在的问题是解决这些问题的前提。当前，高中地理教学目标设计存在一些普遍的问题，如地理教学目标设计抽象、空洞等。产生这一问题的基本原因是对地理教学目标在地理教学中应该发挥的功能认识不够，即对地理教学目标应该发挥的指向功能、评价功能、激励功能的理解不够。没有实际操作意义的目标（包括表现性目标）设计是没有意义的。

此外，地理教学目标设计关系模糊也是较为常见的问题。产生这一问题的根本原因是对地理教学目标“知识与技能”“过程与方法”“情感、态度与价值观”的内容不清楚，特别是对“过程与方法”的内涵不清楚。其中，“地理过程”包括地理观察、分类、交流、推断、预测和认识空间—时间关系等基本要素；“地理方法”主要涉及地理观察、实验、调查、比较、关系与综合、归纳与演绎等。同时，对“知识与技能”（首要目标）、“过程与方法”（关键目标）、“情感、态度与价值观”（终极目标）的统一性认识也较为模糊。

观念上不够重视地理教学目标的设计，必然导致地理教学目标设计在地理教学设计中地位的不明确，不能发挥地理教学目标在教学设计和教学实施中的功能。而对教学目标的再设计可以在很大程度上纠正上述问题，使教学目标设计更为科学，从而充分地发挥教学目标在高中地理教学中的作用。

（二）地理教学目标再设计的路径

1. 基于遵循地理教学目标设计依据和陈述方式规范性的再设计

一般而言，教学目标的再设计是基于教学实践过程的反思，对原有的教学设计进行修改或重新设计。

何时需要对教学设计成果进行修改，应该从四个方面来考查：一是教学材料是否过于陈旧（是否有重要的新知识非常适合教学，但教学大纲中没有要求）；二是所设计的教学活动是否引人入胜（学科材料是不是无法引起学生的兴趣，即使是那些聪明的、有探究欲的学生）；三是呈现方式较差，使学生无法接受（即使是大多数学生都感兴趣的内容，也没有触动学生的兴趣）；四是教学的质和量都无法促进学习（是否有迹象表明，无论怎样教学，学生的学习效果都没有改变）。这些观点对于明确教学目标的再设计具有启发性。

高中地理教学目标的再设计主要是对原有地理教学目标设计文本研究的思考。其判断的依据主要是地理教学目标与课程标准、教学内容和学生发展需要等关系，以及地理教学目标陈述方式规范性等方面，试图通过地理教学目标设计实践，提供可资借鉴、指导的示例，为地理教师进行地理教学目标再设计时作参考。

2. 基于遵循地理教学目标设计原则和学生差异性的再设计

地理教学目标设计应该遵循系统性、全面性、差异性和可操作性的基本原则。坚持系统性原则有利于处理好教育目的、地理课程总体目标与地理课堂教学目标及其教学实践的关系；坚持全面性原则有利于落实三维目标，对发挥“知识与技能”“过程与方法”“情感、态度与价值观”的教育教学功能具有重要意义；坚持可操作性原则有利于发挥地理教学目标的指向性、激励性、评价性和反馈性功能；坚持差异性原则有利于促进每位学生的发展，最终实现“为了中华民族的复兴，为了每位学生的发展”的教育夙愿。

长期以来，地理教师在进行地理教学目标设计时，往往是根据某一课题的教学任务设计出只有一个水平层次的教学目标作为完成教学任务的基本标准，忽视了学生之间客观存在的差异性与多样性。由于学生的学习背景不同，原有的学习基础和经验不同，智力尤其是非智力因素存在差异，学习起点也不尽相同，如果教师用一个水平层次的教学目标要求所有学生，教师的主观愿望与学生客观存在的差异性、多样性和不同需求明显不符，这种教学目标是不可能实现的，或者说，教师制订的教学目标只有部分学生或少数学生能够实现，其余学生或大多数学生是不能实现的，这些学生是在“没有教学目标”的状态下进行学习的。因此，地理教学目标的设计要体现准确性、全面性，教师应在分析学生学习背景、学习需要的基础上，承认差异、尊重差异、善待差异，依据课程标准和教学内容，结合学生实际设计教学目标。

运用梯度式设计策略能针对学生原有基础和智力水平层次不同的实际情况，提出不同的目标和相应的教学策略，这样就能使水平较差的学生建立信心，使成绩好的学生更加努力；在课堂上有步骤、分层次地向学生展示知识结构，分层次设置思考题，激发不同学生的求知欲望，并使学困生经过一番努力也能得到发展。

梯度式设计策略就是教师在进行教学目标设计时，根据高中地理课程标准，结合学生的差异特征和认知发展规律，按照教学内容，由低到高、由易到难，设计具有不同要求、不同层次的地理教学目标，以促进不同智力结构的学生发展。

第三节　高中地理教学的原则

一、高中地理教学原则制定的思想指导

制定地理教学原则是一项复杂的理论建设工程，需要综合考虑诸多因素。

（一）明确地理教学原则的定位

首先，应对地理教学原则的定位以及地理教学原则在地理教学论中的适用范围和层次予以明确。地理教学原则与教学功能、教学目的、课程选材原则和编排原则、教材编写原则、教材选定原则、内容表述原则、教学中诸育法则（即德、智、美等方面的教育）、教学中师生关系准则、教学方法优选组合原则、教学评估标准等都有内在联系和适用分工，它们之间不能互相替代和互相背离，它们之间的关系如图 1－2 所示。

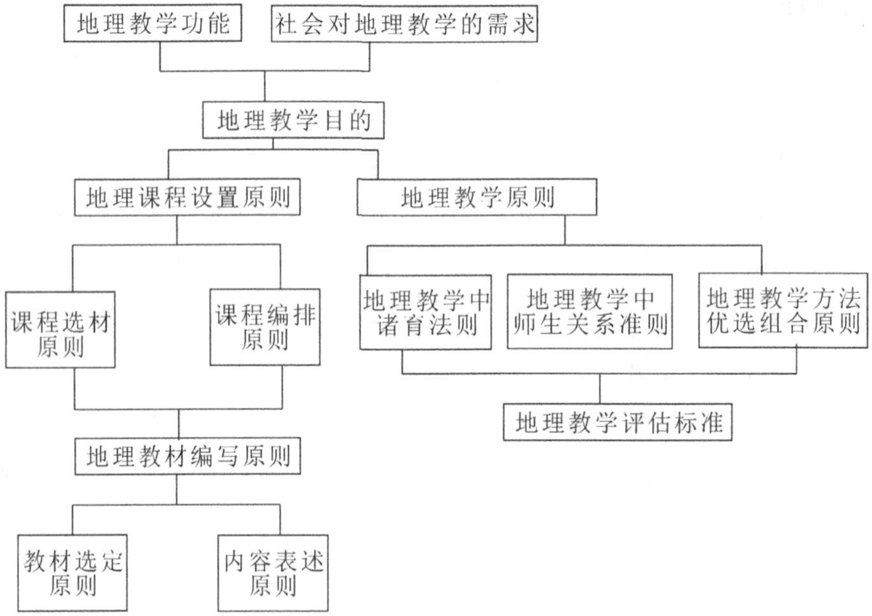

图 1－2　地理教学原则的关系

从图 1－2 可以看出以下几点。

1. 地理教学原则有其特定的地位

一个原则体系，如果没有特定的地位，适用范围大小不定，那么这个原则体系不是空泛化就是受束缚。这两种偏向都不利于提出恰当的地理教学原则的表述。地理教学原则属于地理教学方法论的范畴，不能奢望其代行地理教学论总体法则的功能，也不能将其局限于具体的教学方法范畴或某种教育的法则范畴，地理教学原则应当界定为地理教学过程的活动准则，应当涵盖地理教学全过程。

2. 地理教学原则受制于地理教学目的

地理教学原则从地理教学目的出发，来指导实现这些目的的行动过程。不能偏重地理教学目的中的哪一个侧面，也不能按照地理教学目的分类来逐一提出相应的原则（重复地理教学中的诸育法则），地理教学目的是综合地体现在地理教学过程中的，地理教学过程是诸育的统一。当然，地理教学原则也不能突破或违背地理教学总目标的要求。

3. 地理教学原则与地理课程设置原则是相互联系的

地理课程总体上还是由国家制定的。地理课程设置原则在时间上先于地理教学原则，地理课程设置原则制约地理教材编写原则，地理课程、课程教材制约着地理教学原则。同时，地理课程、教材及其编订原则贯彻在地理教学过程中，受地理教学原则检验。

（二）覆盖地理教学过程实质的各个方面

地理教学原则要想指导地理教学全过程，必须覆盖地理教学过程实质的各个方面。从图 1—2 还可以看出以下几点。

1. 地理教学原则指导地理教学过程中各种教育功能的发挥

地理教学原则不仅指导地理教学过程中各种教育的单项法则，还对协调地理教学中的各种教育起重要的指导作用。由于地理学科的特点，地理教学中诸育功能都很强。因此，地理教学原则应当充分发挥各种教育功能。

2. 地理教学原则指导地理教学中的师生互动

现有的各种地理教学原则体系一般都是对地理教师的要求，很少涉及学生的学习活动以及师生的互动。既然地理教学过程是教师教与学生学的统一，地理教学原则就不能局限于教师教导的层面，而应指导师生活动的全局。

3. 地理教学原则指导地理教学各种方法的优化组合

鉴于地理教学方法方式多样，地理教学原则要求师生应当在掌握各种教学方法的基础上，优选各种适用的方法与方式，并且实现优化组合。这也是现有各种地理教学原则体系需要改进的地方。

二、高中地理教学的具体原则

（一）五育结合转化的原则

1. 教学计划充分考虑五育结合转化问题

在制订地理课程教学计划、单元教学计划和课时教学计划时，教师要充分挖掘德、智、体、美、劳五育因素，充分考虑五育因素如何在地理教学过程中综合体现，并进一步考虑五育之间如何相互转化的问题；要逐步让学生了解和参与教学计划的制订，并过渡到让学生独立制订学习计划，逐步形成五育结合和转化的学习习惯。

2. 灵活选择作为载体的教育因素

在地理教学过程中充当载体的教育因素不应局限于知识教学因素。从具体教学内容出发，教师可以灵活选择各种教育因素作为载体，兼容其他教育因素。例如，在能力因素突出的地理教学单元，教师可以设计以能力因素为载体，将知识教学、品德教育、美育、体育和劳动教育因素寓于能力培养过程之中；在思想观念教育因素突出的地理教学单元，也可以以观念、意识、情感等因素为载体，融入智育、美育、劳动教育和体育因素。

3. 根据五育结合转化的要求处理教材

严格按照地理课程所规定的地理教学目的来审视地理教材，对教材有缺陷的或五育结合转化需要适当延伸的做必要的处理，由师生共同补充一些内容。应提高对五育的要求，修改补充教材不足之处，不能以教材为纲来实施地理教学过程。对教材内容和形式进行处理和再创造是地理教学过程中师生共同的经常性教学任务。

4. 按照五育要求改进教学评估

地理教学评估必须贯彻地理教学原则，应按照五育的要求，彻底地改革目前的地理教学评估方法，既要改进对地理教师的评估办法，也要改进对学生的考核办法，应当把促进五育结合转化作为地理教学评估的首项标准。为了全面切实评估五育效果，必须改革现行的地理教师评估标准体系和学生考核标准体系，既要扩充评估内容，又要增加相应的评估形式。地理教学评估必须引进过程评估、现场评估、操作评估、应用评估等多种评估做法，充实和完善地理教学评估体系，促进五育结合转化原则的贯彻。

（二）综合分析人地关系的原则

1. 构建以人地关系为主线的教学内容体系

地理教学内容体系，无论是课程整体还是各单元、各课时，都必须构建以人地关系为主线的结构。地理教师和学生应当在地理教学过程中养成这一教学习惯。教师要逐步教会学生构建人地关系内容结构的方法，并从中让学生逐步深化对人地关系含义的认识，使学生学会用人地空间关系这一最高层次地理概念统摄地理学习过程。

2. 培养综合分析人地关系的习惯和能力

构建以人地关系为主线的地理教学内容体系的过程，就是综合分析人地关系的过程。在地理教学过程中，教师要示范综合分析的方法，让学生了解综合分析的目的和含义，先将综合分析过程分解为“分析—综合—再分析—再综合”的过程，让学生了解如何根据后面综合的需要来选择分析的角度，如何在分析过程中揭示各种有利于综合的关系和联系，如何在综合的过程中区分主要因素与次要因素，等等。每个地理教学过程无论长短，都要进行综合分析，并最终提高到综合分析人地关系的层面上来。

3. 树立社会生态观点

在综合分析人地空间关系的过程中，要逐步树立社会生态观点，逐步增强运用这一观点综合分析人地关系的自觉性。社会生态观的理解和形成不能脱离对人地关系的综合分析。在地理教学过程的早期，要让学生逐步了解什么是人类活动、什么是地理环境，理解环境及其主体的相对性。不是从概念的字面上，而是从具体分析人地关系的案例中学会社会生态观念和方法，学会分析主体与环境的相互作用和相互关系。

(三)事理兼学、图文并用的原则

1. 采取原理与案例结合的教学方式

贯彻这项原则，必须改变目前还常见的地理事实教学与地理原理教学相分隔的局面。要用地理原理来统摄地理事实，在地理事实教学中提炼出地理理性成果，切不可停留在具体、直观的层面。作为地理原理的案例，不一定千篇一律地采用教材中的例子，可以从当地实际情况出发，采用更接近学生生活的典型地理案例，在学生初步了解地理原理之后，再去分析教材中的例子。

2. 采用图文结合的表述方式

在地理教学过程中，要逐步培养学生使用两种语言，即文字语言和图像语言。师生之间，不但在文字上要有共同语言，在图像上，尤其在地图以外的图像上，也要有共同语言。一定要把地理教学图像从“插图”“附图”的定位上解脱出来，使其成为与文字并列的表述方式。教师应视具体教学内容的性质，决定采用哪种语言作为主要表述方式，必要时可以转换表述方式，即图文转换，在地理教学过程早期可以做一些转换的示范和练习。一个相对完整的地理教学过程往往要经过“图—文—图—文”多次循环表述，而不是停留在某一个中间阶段。纲要信号是图文转换的中介，可以经常使用。学生既要学会用图来整理地理事实材料，揭示其中的规律，从感性认识上升为理性认识，又要学会用图来解释地理原则，演绎地理原理于具体特定情境，从第一次概括学习上升为具体应用的抽象，并为第二次概括学习打下基础。与此同时，学生也要学会用文字来准确地概括图像信息或解释图像信息。图文结合的表达方式对地理教师以及学生来说都是必须具备的基本功。

(四)发散探索、创新应用的原则

1. 提高思维自由度

教师应利用地理教学内容的多样性和联系性，不拘泥于教材中的思路和结论，引导学生向地理教学内容的各个分支方向大胆思索，以提高学生思维的自由度。地理教学内容中有许多一因多果或一果多因的复杂情况，教师可以加以利用，以培养学生发散性推导的勇气和能力。同一原因引出的相反结果及发散思维正反两方面的结果都有很高的思维能力培养价值。地理科学研究中的许多悖论可以作为发散思维的训练机会。

2. 参考实际规划研究

地理教学成果的创新性应用主要表现在区域整治和发展的规划设想上。局限于课堂教学和教材是不能培养探索创新态度和能力的，必须参与当地实际整治和发展的课题研究才能找到发散思维和创新应用的机会。当地的土地利用规划、环境治理方案、经济发展规划、环境保护规划等都富含发散、创新的因素。地理教师要在当地实际规划研究中起示范作用，教会学生规划研究的方法。

（五）师生互动、优化有序的原则

1. 以师生互动过程设计教学过程

地理教学过程的设计不再是地理教师单方面为教师行为所做的设计，其中也包括学生地理学习过程的设计，不能将师生的行为分开来设计，而应当将师生行为结合起来加以设计，即以师生互动为主线来设计。教师在设计教学过程时特别要注意不能让学生的学习方法迁就教师的教导方法，而应当摆正主体与中介体的位置，从服务学生的立场来设计教师的行为，并求得与学生之间的有效互动。目前，一些地理教师从自身的特长出发，设计了一些对成人或某些学生来说容易接受的、逻辑关系严谨的教学过程，却没有得到大多数学生的积极回应，而使一些精心设计的“优质课”行之无效，这在地理教学改革中应引起特别的注意。

2. 保持师生教学目标的一致

地理教学过程中，师生活动的有效性在很大程度上取决于教学目标的一致性，以及由此而产生的师生互动的协调性。师生教与学目标的一致性不局限于以教师为地理教学信息源。在信息时代，地理教师不再是除教材外的主要信息源，教师教导的作用层次更高，主要是指导学生利用各种地理教学信息源提取、加工地理信息。换言之，地理教学过程中的主体、中介体和共同目标都指向客体，即地理课程。师生教学目标一致，才可能发生朝向共同目标的师生互动，教导方法和学习方法才可能协调一致。

第四节　高中地理教学的媒体

一、高中地理教学中的语言媒体

语言媒体是指用言语的形式来承载和传递地理教学信息，它包括有声语言和无声语言两大类。其中，有声语言就是口头语言，而无声语言指体态行为语言，如眼神、手势、体态和表情。

（一）语言媒体的类型

从不同角度出发，地理教学语言媒体可以有不同的划分：根据功能，可以分为系统讲授语言、个别辅导语言和组织协调语言；根据地理教学语言信息流向，可以划分为单向传输语言、双向对话语言和多向交流语言；根据地理教学语言表达方式，可以分为叙述性语言、说明性语言、引导性语言等。下面着重分析三种地理教学语言的表达方式。

1. 叙述性语言

叙述性语言是教师向学生介绍科学文化知识内容时使用的比较客观的、陈述性的语言。叙述性语言是地理教学中使用频率较高的一种语言媒体，它能比较客观地反映地理事实、地理现象、自然地理要素和人文地理要素的变化过程以及地理事物空间分布与排列等。叙述性语言还可以细分为以下几种具体叙述方式。

第一，纵式叙述语言，即根据地理事物在时间上的联系性进行叙述的语言，它主要适用于具有时间性联系的知识。

第二，横式叙述语言，即根据事物的非时间性联系进行叙述的语言，如适用于地理事物空间分布的描述、地理成因的分析、地理过程的推理与判断。

第三，交叉叙述语言，即纵向和横向叙述结合起来的叙述语言，其基本特点是纵横交叉，组成立体网络结构。

实际上，在地理教学过程中，以上三种语言叙述方式并没有严格的区分。无论哪种叙述性语言，教师在运用时都应力求做到优美、生动、形象，条理清晰，脉络分明。

2. 说明性语言

说明性语言指教师在教学中给学生解说事物、阐明事理的语言。它主要对地理学科的概念、地理事物的分布规律、地理成因等做清晰准确、通俗易懂的解说剖析，帮助学生加深理解，形成概念。

3. 引导性语言

教师的言语和行为在调动学生主动参与和积极思考方面起到了重要作用，尤其是教师通过语言提示，让学生集中精力，递进思考，把握清晰的逻辑思维主线，使所学内容不断深化，从而达到举一反三的效果。

（二）语言媒体的标准

教学语言是在高中地理课堂活动中用于教学交流与合作的语言，它应具备实现地理教育目标和地理教学目标的双重功能。所以，地理教学语言既应具备教育性和科学性，也应具备启发性和生动性，这是地理教学语言的基本标准。

1. 科学性

科学性是教学语言最基本也是最重要的标准。所谓科学性，就是指教学语言要准确、规范、精练，具有逻辑性和系统性。地理教学语言的科学性主要体现在以下几个方面：第一，要求用专业术语讲授教学内容；第二，推理要富于逻辑性，论述问题要有系统性；第三，符合语法逻辑及修辞规范，没有语病，不会引起歧义；第四，要干净利索，要求教师不说废话和空话，尤其是口头语。

2. 启发性

地理教师的教学语言不只是简单地向学生灌输知识，还要引起学生的思考，使学生跟随教师语言叙述的思路思考问题、分析问题和解决问题，发展学生的思维能力。这就要求地理教学语言具有启发性。所谓启发性，就是指教师所讲能够引起学生所思，即教师的语言能够调动学生积极思考问题，指引思维的道路或方向，使学生从教师的语言中得到比词语表面更多的东西。

地理教学语言的启发性主要体现在以下几个方面：第一，教学语言要有可接受性。教学语言要使学生能够产生独立思考过程，教师的语言应该适合学生已有的发展水平，是学生能够接受和理解的；第二，教学语言要有可思考性。过于简单的语言容易使学生产生轻视心理，不利于刺激他们思维的发展。实际上，可接受性和可思考性是一对矛盾，真正的启发式教学语言应该能够很好地处理二者之间的关系，其程度应该符合维果斯基“最近发展区”理论，即学生经过努力可以理解并产生相应的新的思维过程，获得发展；第三，教学语言要具有趣味性。“有兴趣的语言才具有启发性”是一个基本判断，因为在外界条件相同的情况下，学生对所学内容越感兴趣，就越愿意主动思考。

3. 生动性

语言的活泼生动是指教师的语言不死板、灵活丰富、声情并茂，并配以肢体语言，使学生能够在生动活泼的语言环境中接受学习。地理教师若想做到语言活泼生动，需要注意以下几点：

第一，语言要丰富。能够运用丰富的词汇去讲述同一类别的内容，使地理教学显得生动活泼。例如，在讲述不同区域时，有时各个区域的典型特征突出，类似的问题也较多，如果总是重复用某一类词汇，教学会显得呆板。

第二，语言要通俗。在地理教学中，教师要把写文章、教案时所用的书面语言和正式语言转化为口头语言，这样教学才能通俗易懂、亲切感人。口语化的教学语言要求使用规范的普通话，避免使用方言土语。同时，要求使用健康的语言。

第三，语言要幽默。幽默既是教师的基本素质，也是教师自信的重要体现。一名合格的地理教师要善于挖掘地理教学内容中和生活中的幽默因素，以此为基础营造一种轻松、舒畅的教学氛围。当然，幽默要有一定的尺度，要有利于地理教学向着正确的方向延伸。

第四，语言要有情。地理教学语言蕴藏着教师的情感，包括对学生的情感、对地理的情感、对职业的情感。鲁迅先生曾经讲过："教育是根植于爱的。"这句话实际上就是要求教师在教学过程中要有激情，要有热情，要有深情。

第五，语言要情理交融。情理交融是地理教学语言科学性和艺术性的融合，特别表现在地理教学中情感、态度与价值观目标的培养上，要求地理教师学会既能晓之以理，又能动之以情。地理教师在对学生进行国家意识、全球意识和环境意识等内容的培养时，一方面，需要用精确的语言告诉学生现实状况和科学道理；另一方面，需要用充满感情的语言或激昂的语调激起学生的爱国情感，加深学生对国际事务与国家间相互依存关系的理解。

（三）语言媒体的训练

1．在实践中多讲多练

教学语言的训练可以从语言表达开始，即先阅读，再朗读朗诵，最后演讲。地理教师可以选取一篇文章进行分析，选择适当的语言，把它们组合起来，再尝试简洁、生动地表达出来。

从某种意义上说，课堂是教师提高教学语言艺术的"实验室"。教师语言训练一般经过"刻意雕琢"和"回归自然"两个阶段。前一阶段教师完成从不重视教学语言技巧到重视教学语言技巧的转变；后一阶段教师从刻意完成设计意图到淡化技巧、雕琢痕迹的转变。

2．提高自身修养

教学语言艺术展现的是教师个人的学识水平和思想水平，它综合体现出教师的个人修养。因此，教师必须不断学习，拓宽自己的知识领域，提高在知识方面的修养，并在教学内容上进行深入研究，这样才能做到言有新意、言之有物，在教学中游刃有余。

二、高中地理教学中的图像媒体

地理图像媒体是地理教学中最常用的非语言媒体，它可以形象地传递地理信息，显示地理事物的特征、空间分布、空间联系及变化规律等相应内容。

（一）高中地理图像媒体的类型

地理图像在地理教学中具有文字无法比拟的作用，其直观形象、多维化、空间感强等特点突出。地理图像作为地理信息的载体，在帮助学生建立空间观念、培养学生空间思维能力方面有独特的优势。研究细化其分类有利于教师整体掌握地理知识的结构体系，有助于教师分析和解决地理教学的实际问题，进而科学有效地进行地理教学活动。

本书划分的地理图像类型不是以科学研究为目的的，而是依据地理图像相近的内容、结构、特点以及相似的应用方法进行分类的，以便于地理教学的实践操作。经过统计，地理图像共分为五大类：地图、地理示意图、地理统计图表、地理景观图及地理漫画，五大类图像又可以进行二级分类（地图和景观图以不同内容分类、示意图以不同性质分类、统计图表和其他类型以不同形式分类），具体如表1—1所示。

表1—1　地理图像的分类

地图			地理示意图					地理统计图表							地理景观图		地理漫画
自然要素地图	人文要素地图	地图略图	概念图	剖面图	关联图	过程示意图	原理示意图	曲线图	柱状图	圆形图	坐标图	复合图	数据表格	文字表格	自然景观图	人文景观图	

（二）地理图像的应用

1. 地图的应用

（1）地图应用的意义

地图是地理教学中重要的信息源和工具，在地理教学中可以提供地理事物的空间分布、过程、联系等信息。不同的地图有不同的作用，如自然要素地图和人文要素地图突出表现了各主题之间的联系与区别，使知识清晰易懂，且利于培养学生的空间思维能力，而只求形似、不重细节的地理略图，旨在表现地理特征和突出重点，更有助于学生的清晰感知。地图不仅可以帮助学生理解、巩固地理基本知识，也能够培养学生识读地图、填绘地图、绘制地图、分析地图等方面的能力。

（2）地图的应用方法

①认识地图。认识地图就是要让学生从整体上了解地图，包括图名、图例、图中要素（自然要素、人文要素）及各要素间的联系与区别，即地图内容，为学生开展下一步的图像学习奠定基础。

②分析地图。现行地理教材中的地图已不再是单一性质的地图，而是多图的叠加。在这种情况下，教师要综合对比不同内容、不同性质的地图，说明该图所反映出来的地理事物和地理现象间的相互联系、规律及特点。分析地图是在认识地图的基础上的进一步发展，是进行图像教学的关键。

③多维转换地图。在图像学习中做到图像的转换可谓是对原图所传达的信息的变通。但地图转换不是简单的“照葫芦画瓢”，而是对所理解图像内容的再述、变通，是更高层次的理解地图，从图中抓住重点，领悟规律。

2. 地理示意图的应用

地理示意图用简洁的符号显示了地理事物的结构特点或地理事物间的联系，重点突出，清晰明了。地理概念图包括地理概念图、地理剖面图、地理关联图、地理过程示意图和地理原理示意图。

（1）地理概念图的应用

地理概念图，顾名思义就是叙述、展示某些地理概念或者地理概念中的关键词。地理概念一般为地理事物的突出特点或者形象，用图形的形式表达出来有利于学生掌握地理事物的特征。所以，应用地理概念图时，教师要指导学生找出图文相应的地理概念的关键点或关键要素，并加以理解。

（2）地理剖面图的应用

地理剖面图，简而言之就是图像的横断面图，是平面图转换了角度之后的图形，它可以多维、立体地展示地理事物的构成及特点。阅读地理剖面图时应该与相应的平面图或其他图像对照起来。例如，褶皱图的阅读，应对照“岩石圈物质循环示意图”确定岩层的新老关系位置，进而判断地质构造的类型。

（3）地理关联图的应用

地理关联图重在反映地理事物间的动态联系，这类图像既可以宏观地建构地理事物间的联系，又反映了地理知识的综合性、变化性，有助于教师口头讲解地理知识，也便于学生理解和记忆。在判读地理关联图时，首先，需要辨别图像所表示的是哪些因素的地理事物的联系过程；其次，根据箭头等指示性的符号提取过程信息；再次，分析地理事物的形成、变化过程；最后，掌握图内各个地理要素的位置、作用以及要素之间的相互影响、相互联系、相互制约的关系。

（4）地理过程示意图的应用

地理过程示意图，顾名思义，关键是“过程”两个字，地理教材中的过程示意图也都主要体现了这个地理现象的发生过程。作为主要反映地理事物的时空变化的图像，阅读地理过程示意图时的关键是抓住各个地理环节发展变化的先后顺序，从而分析地理事物的发展及变化规律。

（5）地理原理示意图的应用

地理原理示意图在反映地理成因、原理和规律方面无出其右。判读原理示意图的能力能体现出掌握地理原理的程度。判读此类图时，首先，明确所读图像反映的地理事物或地理现象的性质或内容有哪些；其次，分析判断地理事物、地理现象的不同性质、不同内容，以及各自的时空特点和形成这种特点的原因；最后，判断图内事物或现象之间的影响关系及相关性。如此，才能真正、透彻地掌握地理原理。

3. 地理景观图的应用

（1）地理景观图应用的意义

地理景观图又分为自然景观图和人文景观图，该类图色彩和构图美观，可以直观地展现地理事物和地理现象。它能把学生生活中接触到的或者无法接触到的地理景观形象地展示给学生。对景观图的判读，可以加深学生对地理事物的感性认识。

（2）地理景观图的应用方法

对于自然景观图，阅读时的重点是紧抓某个自然地理要素。例如，景观图“骆驼刺”，从其根系发达可以推断出它生长在干旱的地理环境中。对于人文景观图，阅读时应注重理解自然、社会、经济各要素共同作用下人类的生产、生活现象，当然必须与教材中的语言文字紧密配合。

4. 地理统计图表的应用

地理统计图是根据地理数据资料绘制成的直观图形，是反映地理事物的时空变化过程和地理信息量化处理的一种形式。地理分析由定性描述到定量分析转化，这是地理统计图表最大的优势，非常有利于培养学生的综合思维能力和定量分析能力。地理统计图表按表现形式可以分为曲线图、柱状图、圆形图、坐标图、复合图及表格等。

（1）地理曲线图的应用

地理曲线图阅读时要注意以下几个方面：①看坐标所表示的内容，分别确定横、纵坐标各表示什么；②分析两个坐标所反映的内容之间的关系；③对曲线的变化过程或者走势进行分析，看横、纵坐标所表示的内容为正相关关系还是负相关关系；④曲线的大概斜率体现该项地理事物变化速率的快慢，如果曲线并不是匀速变化的，则要分不同阶段进行阅读。

（2）地理柱状图的应用

阅读地理柱状图时应注意以下几点：①了解横、纵坐标的含义，分别确定横、纵坐标各表示什么；②确定横、纵坐标之间的联系；③对柱值、条值的高低进行判断，确定变化趋势；④对这种变化的原因及应对措施进行分析。

（3）地理圆形图的应用

地理圆形图用圆面积的大小来表示地理的数量关系，包括扇状图和饼状图。分析该类图像的一般思路如下：①看图名及文字，确定图像的主题是关于哪些方面的地理信息；②分析图中所标各项地理内容单个及互相之间有什么样的关系，以及它们综合起来对表现主题有什么样的影响；③分析归纳图像所反映出来的地理问题或现象，给出科学的解决方案、方法。

（4）地理坐标图的应用

地理坐标图（二维、三维、多维）通常由图名、图轴、图形、图注等组成。判读坐标图时应注意以下几点：①读图名，了解图像反映的内容；②读图例，分清各项图例所反映的地理事物或现象；③读坐标轴，了解不同坐标轴所代表的地理事物的比重或数量等；④分析各要素的比重及各数据的大小值和变化趋势，进而准确地判断地理事物、地理现象的特点及发展变化的规律；⑤联系有关地理概念、原理、规律，用文字概括总结。

（5）地理复合图的应用

复合图是以上两种及多种图表的叠加，即兼具以上各类统计图表的特点，阅读时应参照以上图表判读的思路，分解图层，分图判读，进而提取信息，分析判断信息，最后综合图像信息。

(6) 地理表格的应用

①数据表格。这是将地理数据以表格的形式列示，判读数据表格可以进行数据的对比，数据体现出来的地理事物的特征就一目了然了，同时，联系有关地理事物的原理、规律对地理事物的特征进行分析，相当于理性地对地理事物做了定性分析。

②文字表格。这是将有对比性的文字以表格的形式总结起来，阅读时可充分利用类比法，比较、分析地理事物和地理现象的特征，以此来简洁迅速地记忆它们的异同点。

5. 地理漫画的应用

地理漫画旨在展示人地关系及其协调发展的途径，其往往寓意深刻，让人深受教益，主要用于人地观、资源观及环境观的思想教育。那么，怎样阅读地理漫画呢？判读漫画时，首先要确定漫画所表达的主题是什么，如资源、环境、人口等问题，然后分析主题产生的前因后果，进行科学规划，针对问题提出合理的解决方法或建议。

三、高中地理教学中的计算机多媒体

随着科技的不断发展和多媒体技术的不断成熟，教育也向着数字化、智能化的方向迈进。在高中地理教学中，多媒体技术的应用已成为一种必然趋势。多媒体技术能够通过图像、声音、视频等多种信息形式，使地理知识更加生动、直观、易于理解。

(一) 多媒体技术在高中地理教学中的优势

高中地理知识内容多、涉及广，有较多理论性的、记忆性的知识。另外，抽象性知识也不少，这就容易使大多数学生对地理产生乏味和枯燥感，从而导致学生对地理课不感兴趣，甚至产生畏难的情绪，这些问题对提高教学质量都是极其不利的。但是，利用多媒体技术进行地理教学，可以改变这一现状。教师通过精心制作地理教学课件，使讲授的地理知识具有动态的美感，再加上合适的图文和音频，这样就会激发学生学习地理的兴趣，使学生把注意力和关注点集中到地理知识的学习上来。

高中地理教学中应用多媒体技术不仅有利于地理教学质量和效率的提高，而且有利于培养学生的地理实践能力。高中地理教学主要应用到多媒体技术中的视频技术、声乐技术、图片技术和文字技术，这些技术能够科学合理地创设出符合学生实际的地理情境，将地理知识更具体、更形象地展现在学生面前，让他们真实感受到地理的趣味性和实用性，激发学生对地理知识学习的积极性和主动性，有利于学生思维能力和读图能力的提高，有利于教师逐步完善自身的知识系统。

（二）多媒体技术在高中地理教学中的应用形式

1. 多媒体演示

多媒体演示是多媒体技术在地理教学中最常见的应用形式之一。通过投影仪和电子白板等设备，教师可以将地理知识以生动形象的方式展示给学生。在教学过程中，教师可以使用丰富的图片、图表、地图等多种媒体资源，引导学生观察、思考、探究地理现象和规律。

2. 虚拟实验

多媒体技术还可以模拟地理实验，使学生在虚拟环境中进行实验，并观察和分析实验结果。这种形式的应用可以弥补实地实验受限的问题，让学生在没有现实实验条件的情况下进行实践探究。

3. 互动学习

通过多媒体技术，教师可以设计各种互动的学习活动，以激发学生的学习兴趣和提高学生的学习积极性。比如，利用多媒体资源进行地理知识竞赛、数码摄影比赛等，让学生在竞争中学习和成长。

（三）高中地理教学应用多媒体技术的注意事项

虽然多媒体技术在现代教育教学中已经逐渐普及，但是需要注意的一点就是，多媒体技术只是作为辅助教学工具而存在，不是所有的教学内容都适合运用多媒体进行教学。同时，教师在对多媒体课件进行设计时，要在教学内容的基础上对相关内容进行适当的拓展、完善和优化，不能为了制作课件而制作，而是要将多媒体技术在高中地理教学中的优势充分发挥出来。

第二章 高中地理教学设计新论

第一节 地理教学设计的内涵与特点

一、教学与教学设计

（一）教学

要了解什么是地理教学设计，为使我们的视角更宽广，看法更本质，我们首先要了解什么是教学。《教学论》一书对教学的定义："教学，即教师教学生认识客观世界并进而促进学生身心发展的教育活动。"布鲁纳认为，教学是通过引导学习者对问题或知识体系循序渐进地学习来提高学习者在学习中的理解、转移和迁移能力。《教育大词典》中的"教学"是指："以课程内容为中介的师生双方教和学的共同活动"。教学是学校实现教育目的的基本途径，其特点是通过系统的知识、技能与情感等的传授与掌握，促进学生身心发展。

（二）教学设计

关于什么是教学设计，我们认为应该是以教学论为理论指导，对教学中的诸多影响因素进行全面分析，深度挖掘有效教学资源，充分发挥教学媒体的作用以控制教学活动，从而实现教学过程的最优化的过程。国内外的学者对教学设计的定义有过很多探讨。美国教育心理学家加涅在1985年出版的《教学设计原理》中说道："教学设计是一个系统化规划教学系统的教学。"当代著名教学设计理论家西尔斯在1998年出版的《教学设计决策》一书中指出："教学设计是通过系统化分析学习的各项条件来解决教学问题的过程。”美国教育家马杰指出，教学设计依次由三个基本问题组成：首先是“我去哪里”，即教学目标的制定；接着是“我如何去那里”，包括学习者起始状态的分析、教学内容的分析与组织、教学方法与教学媒介的选择；最后是“我怎么判断我已到达了那里”，即教学的评价。教学设计是由目标设计、达成目标的诸要素的分析与设计、教学效果的评价所构成的有机整体。我国的教育专家认为教学设计实质上是对教师课堂教学行为的一种事先筹划，是对学生达成教学目标、表现出学业进步的条件和情境做出的精心安排。

二、地理教学设计的内涵

地理教学设计是设计的一种类型，是教学理论、学习理论、设计思想和技术应用相结合的综合系统。地理教学设计是运用现代学习与教学心理学、传播学、地理学、建构主义、教学媒体等相关的理论与技术来分析地理教学中的问题和需要、设计解决方法、试行解决方法、评价试行结果，并在评价基础上改进设计的一个系统过程。换言之，地理教学设计是根据现代科学理论，确定教学活动中的问题和需要，提出解决问题和满足需求的方法和步骤，并做出系统安排的过程。

综上所述，地理教学设计以用最优化的思想和观点对地理教学过程进行设计为目的，提出解决地理教学问题的最佳方案，为地理教师的教学提供一个具有操作性的教学活动的实施方案。

（一）地理教学设计以促进每一位学生的进步为目的

任何有关教学设计的活动都必须服务于促进学生学习这一宗旨。它要求教师真心实意地对待学生，从学生的角度出发考虑自己的教学工作，而不是想当然地把自己的主观意愿强加于学生；要求教师自觉改变自己的传统角色，把自己从权威的“领导者”转变为与学生建立有融洽关系的、亲切的“引导者”；要求教师对所有学生都一视同仁，对所教的每一位学生负责，而不是仅仅关照自己喜欢的学生。

（二）地理教学设计是从教学问题出发的

地理教学设计是针对具体的教学问题将教学理论与实践联系起来的学科，主要通过发现问题、鉴别问题、分析教学问题并最终解决问题来促进学生的学习，从而提高教学效率和教学质量。因此，地理教师需要具备良好的分析问题、解决问题的意识，能及时地运用自己的知识对所发现的问题进行合理、高效地处理以促进教学的有效性，提高教学活动的效率，实现有效教学。

（三）地理教学设计是一个动态的、非线性的过程

教学问题是随着教学过程的推进产生的，是不可知的。因此，作为解决地理教学问题的地理教学设计，其过程必然是动态的、非线性的，也就是说，教学设计不能恪守一个固定的教学方案，而应针对具体教学问题做出相应的改动。教学过程本身是一个动态的建构过程，这是由学生的原有经验、知识结构、个性等多方面的复杂性与差异性决定的，因而教师在教学设计的过程中应充分考虑到课堂上可能会出现的情况，从而使“预设”留有更大的包容度和自由度，给“生成”留足空间。就是说，对于每一个教学设计问题都可以有多种可行的措施，而不仅仅只有一个方案。

三、地理教学设计的特点

地理教学设计是为地理教学活动制定的指导框架，是教学双方进行教学活动的依据。作为教学设计的一种，地理教学设计在具有一般的操作性、指导性、整体性和创造性等基本特征外，还有其他特点，具体如下。

（一）从学生出发

新课标要求在教学过程中突出学生在学习过程中的主体地位，通过调动学生的主动性和积极性来充分挖掘学生的内部潜能。因此，地理教学设计非常重视分析学生的不同特征，并注重研究这些学生的个体差

异，从而对学生起到指导作用。

（二）以解决教学问题为目的

地理教学设计是以促进学生学习、追求学生进步为目的的。因此，地理教学设计是从学生面临的学习问题出发，分析问题实质、确定问题性质、得出解决问题的方法并最终解决教学问题的过程，解决教学问题应该成为教学设计的特征。

（三）注重教学各要素之间的关系

地理教学过程是由各个要素及他们之间的相互关系组成的系统。因此，教师在进行地理教学设计时应运用系统方法对参与地理教学过程的所有因素及他们之间的关系进行分析、判断和操作。如通过分析学习需要、学习内容、学习者等得出“教什么”；通过确定具体的教学目标、制定有效的教学策略和选取恰当的教学媒体来确定“怎么教”。

（四）强调实践与观察

地理学科是一门注重实地实践和观察的学科。地理教学设计应该包括实地考察、实地观察和实验等活动，通过亲身体验和实际观察，激发学生的学习兴趣，提高他们的观察能力和实践能力。比如在学习地理地形时，可以组织学生进行户外考察，实地观察不同地形类型的特点和形成原因。

（五）强调问题和探究

地理教学设计应该突出问题导向和探究性学习，引导学生主动提出问题、探索问题，并通过调查研究、实验验证等方法寻找问题的答案。这样可以培养学生的思维能力、创新能力和解决问题的能力。比如在学习气候变化的过程中可以引导学生提出相关问题，如气候变化对环境和人类生活的影响是什么？通过调查和研究学生可以了解到气候变化的原因和后果。

总之，地理教学设计能给地理教师的教学提供一个科学的操作方案。特别是地理教学设计是在进行教学活动之前对教学活动所做出的安排或策划，因此在实施的过程中应注意调整预设与生成之间的差距。

第二节　地理教学设计的理论基础

教学设计是联系教学理论、学习理论和教学实践的桥梁，教师在进行教学设计时既要考虑教学系统外部环境的变化，特别是教育理念的改变和现代信息技术的发展，又要对各种理论和方法取长补短，达到优化组合。目前，人们普遍认同的地理教学设计的理论如图 2—1 所示。

- 地理教学设计的理论基础
  - 学习理论
    - 行为主义理论
    - 认知主义理论
    - 建构主义理论
  - 教学理论
  - 多元智能理论
  - 系统理论

图 2—1　地理教学设计的理论基础

一、学习理论

（一）行为主义理论与地理教学设计

行为主义学习理论认为，学习是人和动物受到外部刺激后发出反应的一种行为，即学习是刺激和反应的联结。行为主义者感兴趣的是如何运用和改变环境以使行为沿正确的轨道发展。行为主义一般把学习看成刺激与反应之间联结的建立或习惯的形成，当学习者对特定的刺激做出相应的反应时，将强化学习的结果。同时，也不可忽视环境对学习的影响。这一理论指导教师在教学设计中设置一系列有序的刺激，引导学生通过形成刺激—反应—强化的步骤学习并获得教学目标所要求的知识，如地理教师在指导学生读图过程中提出明确的记忆目标，让学生通过读图—识图—记图的步骤实现学习目标。这就是行为主义的“联结学习理论”。这一理论注重对地理学科知识基本结构的教学，强调课前钻研教材要从整体出发。教师要把握整个高中地理教材的知识结构和体系，把每一单元、每一堂课的地理基本知识有系统、有步骤地纳入整个地理知识结构之中，使后一步的学习建立在前一步的基础上，前一步的学习为后一步奠定基础，从而帮助学生有序地建构、巩固、充实地理认知结构。

（二）认知主义理论与地理教学设计

相对于行为主义就外部学习环境对学习者的影响的重视，认知主义学习理论更加强调学习者内部心理认知的因素。随着信息时代的来临，人们对心理认知的研究逐渐增多。认知学派学习理论对教学设计主要的指导思想有：学习是一个主动接受刺激、积极参与和积极思考的动态过程；学习过程中要把新知识同化到原有的认知结构中；重视分析学科知识结构和学生认知结构的关系，重视对学习者特征的分析。但是随着研究的深入，人们发现认知学习理论指导下的教学设计有相对的封闭性，且行为主义学习理论和认知学习理论有逐渐接近的趋势。因此，主张既重视外部刺激与外在的反应，又重视内部心理过程的“联结—认知”学习理论，被视为目前流行的以“教”为中心的教学设计模型中的理论基础。

（三）建构主义理论与地理教学设计

建构主义认为，知识不是通过教师传授得到的，而是指学习者在一定的情境下借助其他人的帮助，利用必要的学习资料，通过意义建构的方式获得的，即学习者的学习要求“眼见为实”“身临其境”。在建构主义的教学模式中，教材所提供的知识不再是教师传授的内容，而是学生主动建构意义的对象；媒体也不再是帮助教师传授知识的手段、方法，而是用来创设情境、进行协作学习和会话交流，即作为学生主动学习、协作式探索的认知工具。显然，在这种场合，教师、学生、教材和媒体四要素与传统教学相比各自有完全不同的作用，彼此之间有完全不同的关系。建构主义理论从独特的视角对学习和教学作出新的解释，这就意味着地理教师在进行教学设计时应采用全新的教学设计思想、全新的教学方法及教学模式，不断地探索运用建构主义学习理论进行地理新课程教学设计的途径，这对于提高地理新课程课堂教学的有效性必将产生深刻的影响。

二、教学理论

地理教学理论认为，突出人地关系、注重空间关系是地理学科教学的鲜明特色。人地关系既是地理教学的核心内容，也是地理教学设计的思想论、方法论。也就是说，地理教学理论是地理教学实践经验的总结和反映，是地理教学设计最直接的理论来源。教学理论认为地理教学设计应有利于学生认识人地关系的种种表现，了解协调人地关系的基本途径，懂得坚持可持续发展的重要性。

需要说明的是，因地理教学内容的独特性，在其教学目标的确定、地理教学内容的组织、地理教学方法和媒体的选择方面教学理论也有指导作用。因此，高中地理教师在进行教学目标设计时要根据地理课程标准，在结合具体的地理教学内容的基础上，紧密联系社会需要，还要从地理教学的功能出发，促进学生身心全面发展。

三、系统理论

系统论的核心思想是强调系统的整体性，认为系统是由相互作用和相互依存的若干个部分组合而成的，要成功地完成地理教学设计这一复杂的过程，系统科学是不可缺少的条件。人、物、过程、外部限制因素和可用资源这五个要素构成系统。五个要素间主要有三种联系方式：①过程的时间顺序；②各因素间数据或信息流程；③从一个系统中输入或输出的原材料。

系统理论对教学设计的意义主要有：为设计者全面、综合地考查教学设计过程中各个要素提供了一种整体思想；为教学设计提供了一种把教学看作由教师、学生、教学内容、教学条件等因素组成的系统；为制订教学计划和解决教学问题提供直观易懂的系统工具——教学设计流程图。

四、多元智能理论

美国心理学家加德纳认为，每个人至少有九项智能，即语文智能、音乐智能、数理逻辑智能、空间智能、身体运动智能、人际交往智能、自我认识智能、自然观察智能和存在智能。加德纳的多元智能理论认为，人们的某种能力只要得到实践就可以进入多元智能框架中。也就是说，人的智能是多元的，而且这种多元是开放的，不是封闭的。每个正常的人都在一定程度上拥有其中的多项智能，人类个体的不同在于所拥有的智能的程度和组合不同。

利用多元智能，地理教师可以充分了解学生智能的基本状态，制定多元多级教学目标，创设有利于多元智能开发的地理教学情境，大力开展合作学习和指导个性化学习，积极开展多元评价活动，鼓励自我评价。地理教师也可以尝试从图 2—2 所示的八个方面进行策划，进而对地理教学进行多元化的创新设计。

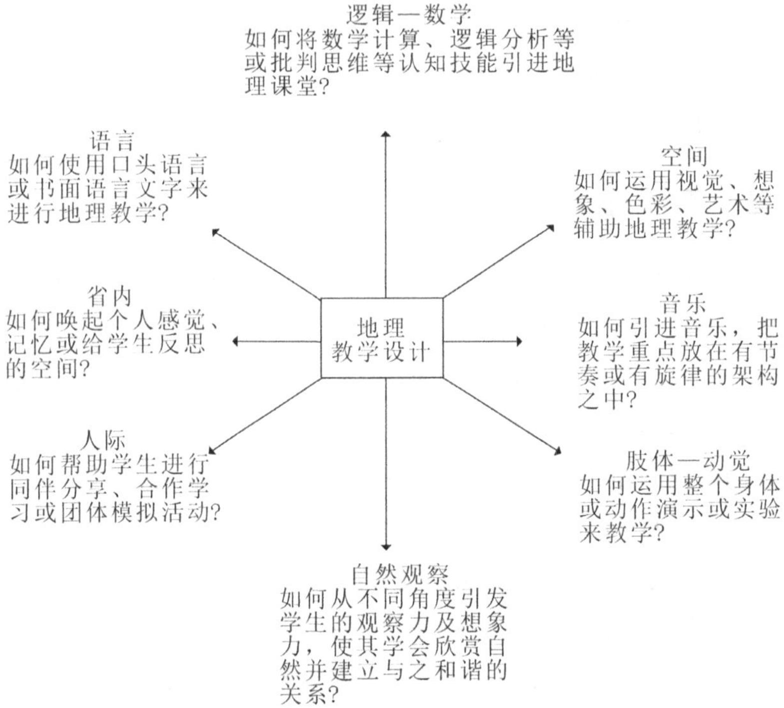

图 2—2　地理多元化教学设计

综合以上教学设计的理论基础，教师应该从以下三个方面对地理教学设计的概念加以把握。

第一，以教学理论、学习理论为指导。

第二，要对各个教学环节进行具体的设计。

第三，从学习需要出发，系统全面地观察分析教学过程的每个环节。

第三节　地理教学设计的方法

一、准确、可见的教学目标设计

新课标下的教学目标从三个维度展开，分别是知识与技能目标、过程与方法目标、情感态度与价值观目标。教学目标是对学生通过教学活动表现出来的可见行为的具体、明确的表述，包括外显示行为和内部心理的变化。因此，教学目标需具备以下特性。

(1) 整合性：参与教学活动的各个因素所发挥的作用和功能都应服务和服从于教学目标。

(2) 指向性：教学目标规定着教学活动的运动方向。

(3) 选择性：教学过程中的方式、方法和媒体的选择要有利于教学目标的实现。

(4) 可测量性：教学目标要能对学生的“行为结果”进行测量，并做出客观判断。

因此，为体现地理教学目标设计的准确性，教师应在分析学生学习背景、学习需要的基础上，依据课程标准和教学内容设计教学目标。同时，在教学目标的表达上应使用可测量学生“行为结果”的行为动词(如图 2—3)。

测量学生“行为结果”的动词
- 地理知识性目标动词
  - 了解水平:描述、识别、列举、复述等
  - 理解水平:概述、说明、解释、比较、判断等
  - 应用水平:分析、设计、评价、应用等
- 地理技能性目标动词：尝试、使用、运用、计算、绘制等
- 情感性目标动词
  - 经历(感受)水平:参加、讨论、体验等
  - 反映(认同)水平:关注、认同、拒绝等
  - 领悟(内化)水平:确立、形成、树立等

图 2—3　测量学生“行为结果”的动词

二、有序的、可操作的教学内容设计

教学内容设计是指教师通过深入钻研教材的内容，对教材进行必要的处理。教师要选取恰当的教学材料来充实和丰富教学内容以加深学生对教材内容的理解。因此，教师在进行教学设计时要注意以下几点。

(一) 恰当的容量和深广度

地理教学设计需要对地理教材的内容进行组织、补充和加工，使处理后的内容从层次性和结构性两方面都符合学生的学习情况。因此，教师要注意：补充的知识不宜太多、太难，尤其注意避免将已删除的老课标的知识点重新拾回而增加教学内容的难度；将难度较大的知识有效地转化为学生内在的知识体系，也就是说，教师要善于化难为易、化抽象为具体，使地理知识活化，达到最佳效果。例如，月相的知识难度较高，且对理解整体地球运动不是必要的知识点，因此该部分知识在新课标的必修模块中只是部分被删除。再如，有些教师在讲解地球的圈层结构时，将之后要学的相关“水”的知识（潜水、承压水和陆地水类型）补充在其中，导致课时紧张。这样的内容安排在教学设计过程中应尽量避免。

(二) 便于教、利于学的呈现方式

在进行地理教学设计时应将教学内容进行分类，不同的内容选取不同的教学方法和教学媒体，并运用不同的教学行为策略。结合地理知识的特点，一般采用如下三种行为策略：①通过描述，赋予枯燥的地理材

料以人为的“逻辑关系”，如长江干流流经省区可以描述为“青四藏云从（重）两湖（湖南、湖北）两江（江西江苏）上岸（安）”；②通过表象，将语言形式化的信息转化为视觉形式或图画形式的信息，如通过地理模型、地图、板图等丰富的地理表象策略加深对不能亲身感知的知识（如宇宙、大气、生物圈等）的理解；③通过归类，将分离的知识点组织成一系列，以减少记忆项目的数量，如在大气环流后，将夏季风和冬季风归入季风，信风、盛行西风和极地东风归入全球风等。

（三）突出重点、明确难点

地理教学设计以教学目标为服务对象，因此，教师要在教学目标的要求下合理地确定教学重点和难点，同时结合学生的特征与要求，设计出合理的教学方案，突出教学重点、突破教学难点。突出重点、突破难点主要表现在以下几个方面：第一，突出设计重点知识，选择恰当的方法帮助学生理解难点知识；第二，对于每节课的重难点知识，教师应给予充分的时间让学生消化、吸收。

三、有选择性、开放性的教学策略设计

合理的教学策略能有效地提高教学效果，更好地促进学生进步。现在比较有影响力的教学策略主要有发现式教学策略、接受式教学策略、范例式教学策略等。

（一）发现式教学策略

布鲁纳的学习理论为发现式教学策略提供了依据，该策略是目前世界范围内大力倡导的一种教学策略。发现式教学策略的实施步骤如图2—4所示。

教师提出问题，并给出一般原理和感性资料 → 学生经努力后逐一解决 → 教师创设问题情境，学生提出假说，利用直观思维提出解决方法 → 评价验证各种可能性，最后得出正确结论

图2—4　发现式教学的一般步骤

（二）接受式教学策略

奥苏贝尔的有意义接受性学习理论为接受式教学策略提供了依据，接受式教学策略的一般过程如图2—5所示。

在原认知结构中找到可以同化新知识的有关知识 → 新旧知识的联系和同化 → 揭示新的规律或原理 → 用实例来揭示、检验规律，接受规律

图 2—5　接受式教学的一般过程

(三) 范例式教学策略

范例式教学，是德国教育家瓦·根舍因提出的。范例式教学是指教师选择有典型意义的、能说明问题的事例来进行讲解，通过对典型事例的剖析，使学生能举一反三、触类旁通，获得对事物本质的规律性认识，从而能够积极地、主动地学习，获得知识，培养能力，养成正确的情感和态度的教学。范例式教学策略的教学程序如图 2—6 所示。

选择个别典型事例说明事物特征(启用直观手段) → 掌握同类事物的普遍特征 → 掌握事物的发展规律 → 获得关于世界的经验及生活的经验

图 2—6　范例式教学的一般步骤

(四) 凸显先进性、组合性的教学媒体设计

多媒体辅助教学手段的出现使得地理教学能集图、文、音、像、数、动于一体，使地理课堂教学在高质量图像显示、活动图像处理和使用、良好的声音效果等方面有大幅度改观，并且赋予地理课堂形象性与动态过程性，这是由地理学科的特性决定的。因此，教学媒体的设计在于能有效地促进学生对地理知识的理解和掌握；有利于激发学生学习地理的兴趣、情感，帮助其形成良好的个性品质；有助于学生地理技能的培养。

地理教学媒体的选择与设计应服从和服务于教学目标。能够激发学生的学习兴趣。有利于帮助学生加强理解，建立逻辑关系和空间关系的如动画、录像、电视、电影、多媒体等教学媒体。如“大陆漂移”“锋面系统”“褶皱的形成”等内容的教学，宜选用景观图片、电视、自制 flash 动画模拟演示等媒体，使学生观察到地理现象演变的动态过程及演变的各个阶段，从而有效地促进学生理解。选用具有强表现力且有特殊时空突破功能特性的媒体实现动作技能目标，如利用录像的快放、慢放、重复播放功能来展示特殊技能动作，便于学生模仿和学习。比如教师通过带领学生制作地形模型、绘制某地气温降水量图，帮助学生掌握制作或绘图方法与步骤。对于表现手法多样、艺术性和感染力强的、声

情并茂的媒体形式则可用于落实情感态度与价值观目标。比如在讲灾害性天气时，播放台风登陆东南沿海及内陆城市的天气实录画面，使学生感悟灾害性天气对工农业及人们生活的影响。

四、系统的、有层次的教学过程设计

通过以上设计环节，地理教师就可以着手进行教学过程的设计了。教学过程的设计包括显性和隐性两部分。显性部分就是教师用流程图的形式写在教案上的内容，该部分应简洁地反映分析和设计阶段的结果，表达教学过程和设计思想，直观地描述教学过程中教师、学生、学习内容、教学媒体等基本要素之间的关系，给教师提供一个有重要参考价值的教学设计方案。隐性部分是在教师头脑中对显性部分的详细构思和补充。例如，采取何种手段引起学生注意，各个教学环节占用多少时间，如何应用教学媒体和教学方法进行教学活动等。成功的教学过程设计应具有以下特点：导入巧妙、衔接顺畅、形式和内容统一、设计布局合理、有良好的结尾，始终注重将时代性、现实性、趣味性、知识性、双边互动性等贯穿整个教学过程。

（一）巧妙地导入新课

在地理课堂教学中，教师巧妙导入新课是创设良好的教学情境的基础。只有这样，才能激起学生的学习兴趣，使之进入最佳求知状态。要做到巧妙导入新课，教师应在讲授新课前针对教学内容并结合学生的实际情况提出问题，让学生寻求解答，也可以通过创设能激起想象的情境或运用能引起学生思考的对比，吸引学生的注意力，激发学生的学习兴趣。

（二）衔接流畅自然

地理课本的知识点之间看似一个整体，实则各自又形成小体系，一堂地理课的内容貌似整体，实是知识汇编，有许多“断层”带。通过使用简洁恰当的语言对知识点进行过渡，使知识点转换自然，使段落环环相扣，达到自然衔接，给人一种流畅的美感，这也是课堂教学设计必须给予重视的一点。

（三）形式和内容要统一

没有形式的内容是单调乏味的讲解，没有内容的形式是华而不实、夸夸其谈的解说。有的教师因为墨守成规，没有任何变通，让学生产生照本宣科的枯燥感；有的教师上课言谈幽默，口吐珠玑，滔滔不绝，可是离题万里，让学生云里雾里却抓不住基本的知识点。显然这两种方式都没有达到理想的教学效果。因此，教师在上课过程中必须追求形式与内容的高度统一，如此才能既活跃课堂气氛，又帮助学生理解，达到事半功倍的效果。

（四）布局合理

教师应该通过对教材重、难点的分析来合理调整教学速度，科学布局教学内容，使整个教学过程能够突出重点、突破难点，否则就会出现知识未落实、重点未突出、难点未解决、能力未培养的被动局面。

（五）良好的结尾

做事最忌虎头蛇尾，如果说良好的开端是成功的一半，那么良好的结尾也是成功的关键。好的结尾，往往也会掀起高潮，课堂教学结尾的好坏也会影响到教学的整体效应。教师应对所授内容进行精辟概括，作出总结性结尾；或利用所授知识给下节课埋下伏笔，作悬念性结尾，使学生产生欲知、求知之感。

第三章　高中地理课堂教学导入设计

第一节　地理课堂教学导入设计的基本内涵

一、地理课堂教学导入

地理课堂教学导入是指教师在授课开始，针对地理课时教学目标要求和学生已有知识经验，运用相应教学手段引起学生注意、兴趣、想象，并阐明本课学习目的和建立新旧知识联系，引入新课学习的一种教学行为方式。地理课堂教学导入本身具有多重属性，就高中课堂教学结构要求来看，教学导入是地理课堂教学之中一种必不可少的教学环节；就执教者课堂教学所实施行为而言，教学导入又是授课教师经常需要实施的一种教学行为方式。

目前，我国学校教育所采用的授课形式是“班级授课制”，它是由捷克教育家夸美纽斯提出的。可以说，“班级授课制”既是一种比较古老的授课形式，同时又是古今中外学校教育最基本的授课形式。然而，以“班级授课制”授课形式组织开展地理课堂教学活动，需要有良好的教学导入相匹配。因为良好的教学导入不仅能够为课堂教学开好头，而且还能够有效地调动学生的学习积极性，并为学生后续学习活动的开展奠定基础。所以，一堂成功的地理课不仅要有异彩纷呈的“展开”、变化自然的“承转”和耐人寻味的“结束”，而且还应该有新奇蕴疑的“导入”设计安排。也正因为如此，教学导入与展开、承转、巩固、结束等共同构成了课堂教学必不可少的教学环节。

二、地理教学导入设计

地理课堂教学导入设计既是一项先于教学导入实践活动的教学预设准备工作，也是授课教师针对教学导入这种包含智力与动作的教学行为方式及其实施策略、设计方法而预先进行的一种计划性策划。地理课堂教学导入设计实质就是授课教师为了协调教学诸要素相互关系、寻找地理授课最佳突破口所做的一种周密考虑与细致安排。总之，地理课堂教学导入设计的目的在于强化教学导入本身功能、规范教师教学导入实施行为，其在课堂教学之中的重要作用已经受到广泛重视。

三、地理课堂教学导入设计的重要作用

严格地讲，教学导入设计更多的作用需要通过实际的教学导入过程来体现，其所能产生的重要作用突出表现在以下方面。

（一）引起学生注意

由于地理课堂教学导入常常需要借助具体直观的教学媒体与教学手段来完成，不同教学媒体与教学手段本身就能吸引学生的注意力，特别是在结合了教师新奇蕴疑设计语言之后就更能发挥作用，并能够有效地引起学生的定向注意与定向思考。

（二）激发学生学习兴趣

由于地理课堂教学导入需要针对学生认知能力基础与学习心理需求进行设计，并需要创设相应教学导入情境和唤起学生求知欲望，因此它不但容易让学生感受到地理学习的意义，而且还能够让他们产生浓厚的地理学习兴趣。

（三）培养学生的想象思维

地理课堂教学导入中无论是设计的启发性问题，还是描述地理事物和现象的形象生动的语言以及所创设的教学导入情境，都能够有效地点燃学生的思维火花，培养学生的想象思维。

（四）明确本节课的学习目标

明确本节课的学习目标本身就是地理课堂教学导入设计的一项任务要求，地理授课教师预先将所设计的学习内容、学习要求、学习方式等告知学生，能够让学生在最短时间内以最快速度进入学习状态，并积极主动地参与所开展的学习活动。

（五）建立新旧知识之间的联系

通过教学导入帮助学生建立新旧知识之间的联系也是地理课堂教学导入设计的一项基本要求，同时还是教学导入区别于其他课堂教学环节的重要方面。

上述五个方面既是一个完美教学导入所能发挥出的重要作用，同时也是针对教师完整教学导入设计所提出的系列全面要求。这些重要作用与全面要求有的通过设计本身的“新奇蕴疑”就能够达成，如引起学生的注意力、激发学生的学习兴趣、培养学生的想象思维等。但是，也有的还需要教师紧扣课时教学目标要求和学生已有知识经验去进行另外的设计与安排才能够实现，如明确本节课的学习目标和建立新旧知识之间的联系。因此，教师在设计与应用教学导入时一定要引起足够重视。

第二节　地理课堂教学导入设计的基本方式

地理课堂教学导入方式与导入方法可谓多种多样，至今仍处在不断创新与发展之中。但是教师必须清楚所有教学导入都有着一个共同目的，即都在于通过教师的精心设计与灵活运用，将学生的注意力迅速而有效地吸引到特定的教学活动中来。在高中地理课堂教学之中，常用且常能奏效的教学导入设计方式主要有复习导入、直接导入、设疑导入、联系实际导入、演练导入、情趣导入、审题导入、综合导入等。

一、复习导入

复习导入又称温故导入，是指教师通过复习旧知识顺势将学生带入新知识学习之中的一种教学导入方式。由于复习导入既能够有效巩固旧知识，又能够为新知识的教学做好铺垫，且教学设计与实施应用过程中不受太多条件限制，因此它成为深受教师喜爱的一种常用教学导入方式。

复习导入设计的常用关键词主要有："什么是""是什么""有什么""说出""说一说""怎样"等。

二、直接导入

直接导入是指教师在教学之初，"开门见山"、不做任何铺垫地介绍新课学习内容、教学目标和学生学习要求，直接带领学生进入新课学习活动的一种教学导入方式。直接导入方式极其重视教学导入的直接性，即要求授课教师以最少的时间和最快的速度拉近学生与教师、学生与教材的心理距离，使学生迅速进入良好的学习状态。这种教学导入方式较多应用于高中地理教学导入之中，它能够迅速使学生明确学习目的和了解学习任务，从而有效提高地理课堂教学效率。

直接导入设计的常用关键词主要有："认识""学习""了解""进一步""开始"等。

三、设疑导入

设疑导入是指教师在教学导入之中有意布设悬念，设法使学生产生疑问，进而激发起学生的求知欲望，并顺势把学生带入新知识学习之中的一种教学导入方式。疑问是引起学生认知思维活动的有效因素，能够使学生潜在的求知欲望迅速转变为积极主动的现实行为，能够有效促进学生思维和提高学生学习的主动性。设疑导入的设计关键在于"悬念"创设，即教师通过设置悬念引起学生的求知欲望。

设疑导入设计的常用关键词主要有："为什么""是什么""发现""说一说""究竟"等。

四、联系实际导入

联系实际导入是指教师联系学生身边所熟悉的或学生亲身体验过的地理事物和地理现象，通过引起学生共鸣而导入新课学习的一种教学导入方式。联系实际导入一开始就能让学生参与其中，使师生共同围绕具体课题，并结合身边的地理事物、地理现象进行探究，让学生感受地理知识的无处不在、无时不有。

联系实际导入的设计内容多种多样，教师可以结合时事新闻、学生日常生活之中所获得的亲身体验、学生对自然与人文地理现象的亲身感受，以及具有教学意义的地理故事、趣闻等展开设计。

联系实际导入设计的常用关键词主要有："看出""说出""说一说""为什么""是什么"等。

五、演练导入

演练导入是指教师在新课教学之前有选择地展示地理教学挂图、教学图片，演示地理仪器、地理模型等实物，或是勾绘地理教学板图、教学板画等图像，通过完成具有启发性的直观展示、演示、勾绘或是直接邀请学生共同参与完成相关练习活动，从而顺利导入新课学习的一种教学导入方式。演练导入不仅注重教师启发演示，而且强调师生共同参与。此外，直观形象的演练实物与地理图像还能有效集中学生注意力、激发学生的学习兴趣。再有，教学导入之中所提供的大量感性材料也能够有效帮助学生理解掌握新知识。

演练导入设计的常用关键词主要有："观察""看出""说出""什么是""哪些"等。

六、情趣导入

情趣导入也称妙语导入或引经据典导入，是指授课教师针对具体教学内容和学生学习心理，结合有关故事、趣闻、诗词、俗语、典故或是谜语、音乐等资料，设计富有吸引力的情趣语言，并以此为契机导入新课学习的一种教学导入方式。情趣导入设计除了要求教师语言表达形象生动之外，关键还在于对资料内容本身的情趣性挖掘。因为资料情趣性的大小决定着教学导入作用的大小，也决定着实施这种教学导入方式的成功与失败。

情趣导入设计的常用关键词主要有：“听说过吗”“故事”“朗诵”“说清楚”“认为”“究竟”等。

七、审题导入

审题导入是指授课教师直接板书课题、解释题意，并顺势引导学生导入新课学习的一种教学导入方式。审题导入可有效利用地理教材之中的章节标题进行设计，因为这些标题本身就具有较强的概括性、结论性，能够有效突出教师讲授的地理知识范围或是内容特征，也能够产生很好的教学导入效果。由于这种教学导入方式也比较直接，因此有人把其看作直接导入方式之中的一种具体形式。

审题导入设计的常用关键词主要有：“学习”“认识”“让我们”“顾名思义”“就是”等。

八、综合导入

综合导入即导入设计，是融合了多种导入基本方式，通过综合发挥多种导入方式的积极作用，从而把学生顺利带入新课学习的一种教学导入方式。在地理课堂教学导入设计具体实践中，教师可选择一种基本方式设计自己的教学导入，也可设计融合了两种及两种以上基本方式的综合导入。综合导入效果发挥的关键在于对所选各种方式的组合搭配，只有在实现教学目标前提下各种导入方式的彼此协调融合，才能够获得良好的课堂教学导入效果。

综合导入设计的常用关键词主要有：“为什么”“究竟”“联系”“学习”“认识”等。

第三节 地理课堂教学导入设计的基本要求

地理课堂教学导入的有效与无效，取决于教师对导入方式、导入方法的选择与设计。这种选择与设计归根到底又受制于课时教学目标要求、学科特点与具体授课内容、教师本身特长、学生身心特征与已有知识经验、教学设备条件等诸多条件因素。为此，教师在选择教学导入方式和设计教学导入方法时需要突出以下基本要求。

一、突出课时教学目标要求

课时教学目标既是教学活动设计的出发点与最终归宿，又是衡量一节地理课教学成功与失败的首要标准。为此，作为地理课堂教学“开场白”的教学导入，也必须以课时教学目标为导向，并充分遵循与体现其基本规定和实施要求。另外，教师还必须清楚任何一个足以激发学生学习兴趣、学习动机和调动学生学习热情的完美教学导入，其最终目的仍然是服务于本课时的教学目标，因此，教师要避免脱离教学目标要求的表面形式与表面效果。再有，课时教学目标作为一节课的纲领性、方向性目标，不仅需要教师自己认真弄清楚，而且还要设法通过课堂教学导入让学生也明白。也就是说，如果教师能够在教学导入之初就让学生清楚教师期望他们做什么、达到什么目标，那么学生就会更加积极主动地去配合教师，认真学习，否则他们只能被动地从教师最后的评价中猜测、推断出学习目标。

二、符合教学内容科学性要求

教学内容的科学性要求是对整个教学过程所实施内容的一种规范，包括对导入、展开、承转、巩固、结束等课堂教学环节或是教师教学行为方式的基本要求。所谓教学导入的科学性，首先要求教师在教学导入过程中所表述的概念与论据、所阐述的原理与事例做到准确无误和严谨科学；其次要求教学导入活动本身要条理清楚、层次分明，教学导入方式与教学导入方法设计恰当合理等。因此，教师在精心设计与缜密考虑教学导入新奇蕴疑、灵活多样的同时，要更多地关注地理教学导入设计内容本身的科学性，切忌敷衍了事。

三、体现新课程教学理念要求

我国新一轮基础教育改革提出了许多全新的教学理念，要求教师在教学导入设计及课堂教学导入实施之中充分体现出来。例如，针对新课程倡导的“自主、合作、探究”学习方式，一是要求教师教学导入设计要注意激发学生学习兴趣，要尽可能在第一时间吸引学生的注意力，让他们以最佳的心态投入到地理学习活动中。二是要求教师要有效培养学生的想象思维，即通过教学导入所应用的设疑、启发、讨论等方法有效激发学生的思维，让他们通过自己思维活动和合作交流学习活动，有效整合与迁移所建构的地理新知识。

四、考虑学生的认知心理需求

教学实践经验表明，教学导入设计需要考虑学生因年龄不同而形成的各种认知能力差异与学习心理需求，需要针对学生能力结构、已有知识经验和兴趣爱好等精心筹划。例如，针对初中生和小学生，教师应多结合故事、诗歌、趣闻、游戏等趣味性内容进行设计；而面对高中生，教师则应多设计一些有难度的疑问、讨论、任务等内容问题。总之，教师应树立“以学生为中心”的崇高教育思想，注意多从学生实际需要和需求特点出发，这是教学导入成功的必要条件。此外，教师应遵循教学导入规律和重视导入设计创新，使其新奇蕴疑、灵活多样、新颖别致，这是课堂教学导入成功的关键所在。

五、遵循导入本身内在性要求

教学导入设计本身有别于其他的教学环节与教学行为方式设计，为此教师在进行教学导入设计时需要特别注重其联结性与简洁性的设计要求。教学导入其中一项重要作用在于“承前启后”，即帮助学生迅速建立起新旧知识之间的联系，因此，增强教学导入设计的联结性，仔细找准新旧知识之间的联结点，本质上就是在选择授课的最佳突破口，教师一定要清楚正是通过教学导入才能使新旧知识穿点成线。再有，由于教学导入另一项重要作用在于知识承转，因此地理课堂教学导入设计一定要注意“简洁”。教学导入时间一般应控制在 5 分钟之内，教师要以最少的时间和最快的速度拉近学生与教师、学生与教材的心理距离，使学生尽快进入地理学习状态，不能让他们长时间游离于新知识教学之外。

总之，一堂优质的地理课需要地理教师做好教学导入设计，而一个成功的教学导入则源于教师的灵活创新和不懈努力。教师一定要明白，一个成功的教学导入能够赋予地理课堂教学良好的效果，但是产生良好教学效果的教学导入并非教师信手拈来的，因为它需要教师深刻理解教学过程的本质属性和课时教学目标的要求，并树立“以学生为中心”的教育服务思想和设计思想；需要教师拥有良好的教学导入设计技能，并通过长期不懈地抓好平时设计训练，通过不断提高自身的教学导入设计水平来获得。

第四章　高中地理课堂教学提问设计

第一节　地理课堂教学提问设计的基本内涵

一、地理课堂教学提问

地理课堂教学提问是指地理课堂教学中教师依据教学内容要求，结合学生认知心理特点和已有知识经验提出问题，通过师生互动来深化学生认识和有效建构知识教学行为的一种方式。地理课堂教学提问是教师引导学生积极参与学习活动，并有效促进学生地理认知过程发展的一种最基本方法，因为它几乎可以用于任何一种地理课型和任意一类课堂教学环节之中，它贯穿于整个地理课堂教学过程，成为维系师生之间思维活动与情感交流的重要纽带。

二、地理课堂教学提问设计

地理课堂教学提问设计是一种先于教学提问实践活动的预设策划，是地理教师为提高自己地理课堂教学提问水平，针对课堂教学提问这种包含智力与动作的教学行为方式及其实施策略和设计方法本身而进行的一种周密考虑与细致安排。学生的学习活动常常就是从问题开始的，通过提问，教师能够引导学生自主思考、发现问题，促使学生主动参与到课堂讨论中。因此，地理课堂教学提问设计是教师增强课堂教学效果，顺利达成课堂教学预设目标要求不可或缺的策划准备，教师教学提问设计及其教学提问水平直接影响整个地理课堂教学效果。

三、地理课堂教学提问设计的重要作用

实施教学提问设计的根本目的在于，通过强化教学提问功能和规范教师实施行为来进一步提高教学提问应用水平，因此，地理课堂教学提问设计的更多作用需要通过实际的教学提问实施过程来体现。地理课堂教学提问设计的重要作用具体表现在以下四个方面。

（一）吸引学生的注意力，激发学生的学习兴趣

精心设计的地理课堂教学提问会因本身所蕴涵的疑问、趣味而吸引学生的注意力，并使他们产生强烈的求知欲和浓厚的学习兴趣。

（二）有效激发学生思维

由于教师精心创设的教学提问情境极易使学生产生“愤悱心理”，并能够促进学生积极开展思维活动，从而极大地化解学生的认知矛盾与认知难点。

（三）有效加强师生互动与交流

因为课堂教学提问本身就是实现师生互动交流的有效方式，一个恰到好处的地理课堂教学提问能够将师生间的认识和感情紧密联系起来，增进课堂知识信息与情感意向的交流。

（四）及时反馈学生学习情况

在师生双向信息交流的地理课堂教学提问过程中，教师根据学生作答情况可及时了解他们的知识掌握程度与问题存在原因，并据此调整后续的教学实践活动。

第二节　地理课堂教学提问设计的基本方式

目前，人们对地理课堂教学提问的分类方式可谓多种多样，其中，既有根据教学提问所涉及的学生认知难度进行分类的，也有结合教学提问所达成的目标水平实施分类的，还有依据教学提问问题的内部结构进

行分类的。总之，由于教师所依据的分类标准或是分类原则不同，其分类结果也就完全不一样。地理课堂教学提问设计常用的基本方式主要有回忆提问、观察提问、比较提问、分析提问、想象提问、综合提问、应用提问、评价提问等。

一、回忆提问

回忆提问是一种通过回忆来检查学生已学知识，从而有效巩固学生已有知识经验和培养学生记忆能力的课堂教学提问方式。回忆提问的主要目的在于检查和巩固学生已经学习过的知识，它所涉及的学生心理过程仅仅是“回忆”，属于认知层次比较低和结构比较单一的教学提问类型。这种教学提问方式较多应用于温故式“导入”和检查性“结束”等教学环节之中，当然在教师联系学生已有知识经验的课堂教学展开环节之中也可适当使用。

回忆提问设计的常用关键词主要有：“什么是”“说出”“是什么”“是多少”“在哪里”“怎么样”“填出”等。

二、观察提问

观察提问是一种用引导学生观察地图、图片、模型等直观图像材料，或是让他们到实地直接观察真实的地理事物现象中存在的地理事实，从而有效培养学生观察能力的教学提问方式。由于观察提问方式所要求学生观察的地理事实一般都比较具体，即问题答案往往都比较明确，甚至具有唯一性，因此教师一定要注意精心设计自己的引导用语，避免因模糊不清而影响学生的正确观察与正确回答。针对比较复杂的地理观察提问问题，教师有必要将其分解为若干步骤及若干小提问，这样学生就容易由浅入深地顺利获得正确的感性认识。

观察提问设计的常用关键词主要有：“哪些”“是多少”“怎样”“说出”“找出”“看出”“发现”“指出”“特点”“规律”等。

三、比较提问

比较提问是一种将相关地理要素进行对比分析，并让学生自己把相关知识串联起来形成完整认识，从而培养学生比较能力的课堂教学提问方式。众所周知，地理事物和地理现象既相互联系又相互区别，通过比较提问方式的对比分析能够使学生充分认识地理本质属性，所以比较提问也成了一种教会学生学好地理的重要方法。

比较提问设计的常用关键词主要有："比较""哪些""却是""为什么""异同""区别与联系"等。

四、分析提问

分析提问是一种将复杂地理事物和地理现象设计成环环相扣的教学问题，并引导学生找出其内在联系和本质属性的课堂教学提问方式。分析提问方式主要目的在于通过探析具体地理事实，教会学生地理学习方法和提高学生地理分析能力，因此这种提问方式成了高中地理课堂教学之中教师常用的提问方式。

分析提问设计的常用关键词主要有："说出""总结""有哪些""为什么""怎样""什么因素""分析""证明"等。

五、想象提问

想象提问是一种用于激发学生联想思维与学习兴趣，引导学生由此及彼地多角度理解地理事物和地理现象的本质属性，从而培养学生想象能力的课堂教学提问方式。想象提问方式所联想或是假想的地理事物和地理现象要求必须是同一类型，所设计的教学提问问题也要有助于学生深化地理内在规律认识，或是能够有效揭示地理事物和地理现象的本质属性。

想象提问设计的常用关键词主要有："假如""如果""要使""还会""是怎样""有什么"等。

六、综合提问

综合提问是一种在教学分析基础之上，将系列分析结果有效串联起来形成完整认识，从而帮助学生把握事物内在联系、内在特征、内在规律，培养学生综合思维能力的课堂教学提问方式。地理综合提问方式需要学生对分析结果进行对比、分析、总结、归纳等一系列加工处理，通过综合思维过程让学生获得全新的、完整的地理结论或是地理观点。

综合提问设计的常用关键词主要有："应用""为什么""总结""概括""归纳"等。

七、应用提问

应用提问是一种教师提供问题情境，要求学生应用已有知识经验分析、推理、判断正确结论，从而深化学生思想认识和培养学生分析问题、解决问题能力的课堂教学提问方式。教师实施应用提问设计要求具有一定的深度，并尽可能把分析、推理、判断等思维过程引入问题之中，从而有效避免学生作答仅仅停留在"是不是""对不对""有没有"等低层面之上。

应用提问设计的常用关键词主要有："应用""举例说明""是什么""哪一种""为什么""怎么样"等。

八、评价提问

评价提问是一种要求学生应用所学地理知识，分析判断地理问题或是地理事实材料价值，并依据自己价值判断结论提出个人观点与看法，从而有效培养学生评价能力的课堂教学提问方式。地理课堂教学评价提问设计得当能够有效深化学生认识，提高学生思维能力和价值判断水平。因此，为深化评价提问和避免学生片面作答等现实问题出现，教师常常还需要通过"为什么?""还有其他原因吗?""其他同学还有没有不同看法?"等追问形式来提高评价提问质量。

评价提问设计的常用关键词主要有：“评价”“证明”“你认为”“你对×××有什么看法”“假如你是×××，你怎么认为”等。

第三节　地理课堂教学提问设计的基本要求

教学提问既是授课教师经常实施的一种教学行为，同时也是教学实施者不可或缺的一项教学基本技能，因此它成为广大教师广泛研究的一门艺术。完整的地理课堂教学提问设计及其教学提问过程应有设计问题、引入问题、陈述问题、聆听回答、总结延伸等基本环节，且各基本环节应该是环环相扣、紧密联系、不可偏废的。为此，高中地理教师在进行地理课堂教学提问设计时必须注意以下几点。

一、根据教学需要，精心设计提问

由于地理课堂教学提问设计的客观依据是教学需要，即由体现学生发展需要、发展目标和认知能力要求的课时教学目标所决定的教学需要，因此精心设计教学提问的前提就是确保教学提问问题的有效性，即要求教师根据教学需要使每一个教学提问问题都能够问有所值，能够落在学生认知过程的“最近发展区内”，从而使学生通过教学提问更好地完成课堂教学一系列任务，完成预定的课时教学目标要求。为确保教学提问符合教学需要而实现其有效性，要求教师依据课时教学目标在“重要处”设置教学提问问题，即要求教师抓住教学重点和教学难点设计教学提问，以及在学生理解教材的关键处、认知矛盾的焦点处、蕴涵疑问的不解处设置教学提出问题。

此外，精心设计教学提问还要求教师能够清楚得当地表达提问主题。所谓清楚，首先要求教师的教学提问不能产生任何知识性与概念性错误，其次要求教师直截了当、清楚明白地表达教学提问问题。地理课堂教学实践表明，教师教学提问问题越清楚，学生作答也就越准确；如果教师教学提问问题含糊不清，则学生很难作答，甚至会出现答非所问的情况。所谓得当，即要求教师教学提问设置的知识跨度要适当，所涉及的问题范围也要适中。教师设计的教学提问问题既要避免使用“是不是”“好不好”“能不能”“对不对”等缺乏思考性用语，也要避免向学生直接提出类似“大气运动的原因是什么?”等笼统抽象和跨度范围太大的问题。

二、抓住学生心理，创设问题情境

学生心理即学生学习心理，是指学生对学习内容、学习方式和学习环境以及客观物质世界的主观反映，按其性质可划分为认识过程、情感过程和意志过程三个方面。不同年龄阶段的学生其学习心理差别是很大的，可以说教师问题情境创设成败的关键就在于能否抓住学生心理。创设伴随教学提问的问题情境能够有效增强提问效果，促进学生思维，激发学生的学习兴趣，从而使学生展开积极的探究行为，最终促进学生认知发展和提高学生认知能力。所以，高中地理教师要善于抓住学生认知心理特点，设计有矛盾、有新意和有趣味的地理问题，并通过口头语言、身体语言或其他直观形象媒体，努力创设出一种与教学提问主题相关的学习情境，从而使地理课堂教学提问产生良好的效果。

所谓设计有矛盾的地理问题，就是设计一种与学生原有认识相悖，且能打破学生原有心理平衡和激发学生恢复心理平衡欲望的地理问题。例如，为深化学生对气候形成原因的认识，教师可这样设计教学提问：“同学们，按理说越接近海洋的地区就越湿润，但为什么澳大利亚大陆西部海岸却是一片茫茫沙漠呢?”

所谓设计有新意的地理问题，即设计一种教学提问内容或是教学提问形式非常独到，能够引发学生好奇心理与探究行为的地理问题。例如，为检查学生对气候形成原因的认识程度，教师可设计这样的教学提问：“同学们，假如青藏高原是青藏平原，我国西北地区的气候将会是怎样的?”

所谓设计有趣味的地理问题，就是指设计一种趣味性很强，能够使学生对学习内容产生浓厚兴趣，引导他们顺利进入学习场景的地理问题。例如，学生在认识“地球的运动”之前，教师可有意设计这样的教学提问：“同学们，你们知道‘坐地日行八万里，巡天遥看一千河’这句诗的含义吗，有谁能够给大家说一说?”为加深学生对地球自转及赤道周长的认识，教师还可追问：“你们认为这些会是真的吗，为什么?”

三、依据认知特点，直观呈现问题

认知是指人类认识外界事物的具体过程，即对作用于人感觉器官的外界事物进行信息加工的过程。学习认知则是指学生认识知识、获取知识、应用知识的具体过程或是对知识信息进行加工的整个过程。首先，学生学习认知因年龄差异而存在不同；其次，学习认知还有别于人类其他大量的实践性认知，因为学生认知对象是以间接抽象的书本知识为主，其认知过程又是一个旧知识不断同化新知识的过程，况且新知识建构过程还需要以学生的已有知识经验为基础。因此，教师设计的教学提问问题要符合学生的认知特点，如果教师教学提问问题设计过难，会使学生因缺乏足够的知识经验而使思维受阻；如果教学提问问题设计过易，又会使学生因不动脑筋回答而使思维停滞。总之，学生既是学习的主体又是课堂教学提问的对象，教学提问设计需要依据学生认知特点进行，因为学生认知特点直接影响课堂教学提问效果。

由于学生学习认知是人类一种特殊的认识过程，因此教学提问问题的呈现还需借助直观形象的媒体与手段来进行。高中地理教师注意应用直观形象的媒体与手段呈现地理问题，使学生获得形象、生动、直观的地理表象，并为他们进一步识记、理解、分析、应用地理问题打下坚实基础。同时，直观形象的地图、图片以及模型等图像媒体与手段，又能有效化解因间接的抽象书本知识所带来的认识难度，并为学生有效开启想象思维提供前提保障。

四、捕捉发问时机，巧妙提出问题

尽管教学提问主动权始终掌握在教师手中，教师在课堂教学过程中随时都可以向学生发问，但只有在学生“心求通而未得之意，口欲言而未能之貌”时，即产生了“愤悱心理”后发问效果最好。所以，教师一定要善于捕捉发问时机，并善于巧妙地引发地理课堂教学的发问时机，因为“有机不发”或是“无机而发”都会有损教学提问价值。此外，巧妙发问还要求教师正确处理好面向全体学生与选择好作答对象之间的关系，即教师教学提问应面对全体学生，要求先面向全体学生发问然后再让个别学生作答，切忌先选择作答对象再提出问题；在选择作答对象时，教师最好不要按学生座次、学号选择，也要避免专挑成绩好的学生回答问题，或是专叫成绩差的学生作答。正确的发问方法应是容易的问题留给学习较差的学生；一般性问题先提问中等水平的学生，让学习成绩较好的学生进行补充；有难度的问题向水平较高的学生提问。为提高地理课堂教学的提问效果，教师还应注意给予学生适当的思考时间。具体来说，教师教学提问过程中必须有两处停顿，一是问题提出之后，为让学生充分思考需要有 3～5 秒的时间停顿；二是学生回答之后，为让他们有反应、补充、修正的机会，也需要有 3～5 秒的时间停顿。此外，一般情况下要求教师一次提出的问题不能太多，如需要多个问题组合才能达成目标也必须逐一呈现，即使是总分式提问、递进式提问、追问式提问等，也同样要完成一个问题再提出下一个问题。

五、注意总结延伸，深化学生认识

教学提问的根本目的在于促进学生参与学习活动和深化学生学习认识，从而有效地推动学生认知发展和帮助学生顺利建构知识。因此，教师在学生作答之后应及时进行总结评价，即对学生的零散观点予以综合，对肤浅认识予以深化，对片面观点予以补充，对错误说法予以纠正，从而使教学提问问题能够有一个清晰、明确、完整的正确结论。当然，也存在一些特殊情况，如教师为了开阔学生认识视野、培养学生想象能力，也可在总结评价时有意留下个别具有讨论价值的问题不予结论，让学生能够在课后继续进行观察、分析、思考、探索。

总之，总结延伸是地理课堂教学提问过程的有机组成部分，它与设计问题、引入问题、陈述问题、倾听回答等环节共同组成了一个完整提问过程。实践表明，如果教师注意在课堂教学提问最后阶段进行总结延伸，不但能够完善整个地理课堂教学提问过程和提高提问水平，而且有利于学生对所学知识认识的深入化、系统化、综合化，还能够有效帮助学生顺利完成新知识的建构任务。

六、教会学生质疑，自主提出问题

地理课堂教学提问归根结底只是一种手段、一种形式，其根本目的在于通过教学提问促进学生参与教学过程和深化学生认识，并有效促进学生认知发展和帮助学生顺利建构知识以及帮助教师完成知识传授任务。然而，“授人以鱼，不如授人以渔”，教师与其通过教学提问问题向学生传授既有知识，不如教会学生质疑方法和培养学生善于提问的习惯，让他们自主提出自己需要解答的地理问题，让他们自己主动去获取所需的地理新知识。

学生学会质疑有利于学生积极开展学习活动，即有利于学生主动参与认知发展和知识建构过程，因此教会学生质疑既是新课程教学理念的要求，也是地理课堂教学提问目标要求的最高境界。教师要想培养学生的质疑习惯和教会学生提问的方法，首先需要让学生树立“不唯书、不唯师”，敢于大胆质疑的学习精神；其次，教师要教会学生善于从一致中找分歧、从普遍中找特殊的求异思维方法，使他们能够从书本中、教学中、生活中寻找矛盾，发现问题；最后，教师在课堂教学中应该为学生创设相应的质疑情境，为学生发现问题、提出问题提供良好的环境。

第五章　高中地理课堂教学结束设计

第一节　地理课堂教学结束设计的基本内涵

一、教学结束的内涵

教学结束又称教学结尾或是教学结课，它是指教师在完成课堂新知识教学之后，通过熟练运用归纳总结、强化训练或是其他有效手段，为学生清晰呈现所学知识的系统结构、逻辑关系与内在规律，从而完善学生认知结构和促进学生知识建构的一种教学行为方式。教学结束是教师经常实施的一种教学行为方式，又是课堂教学必不可少的重要环节。因为具有完整结构的课堂教学活动，不仅需要有新奇蕴疑的“导入”、异彩纷呈的“展开”和变化自然的“承转”，而且还必须有一个耐人寻味的“结束”安排。可以说，教学结束是课堂教学的点睛之笔，它以其独特的设计与安排显著区别于其他课堂教学环节以及教师其他的教学行为方式。另外，教学结束这种技能不仅广泛应用于一节课的教学终结阶段，而且还可以用于许多新知识、新概念的教学结尾，不仅能够系统概括学生所学知识内容，而且还能够拓宽学生认识视野和增强学生继续学习的动力。

二、地理课堂教学结束设计

地理课堂教学结束设计仍然是一项先于课堂教学结束实践活动进行的预设准备工作，它是教师为提高自己课堂教学结束水平与实施应用效果，特意针对教学结束这种包含智力与动作的教学行为方式及其实施策略和设计方法所进行的一种计划性策划。地理课堂教学结束设计如能得当，不仅可以让学生达到纵览全课要领、清晰教学条理和巩固所学重要知识等目的，还可以为学生后续学习打好基础、做好铺垫、埋下伏笔，激发他们进一步学习的兴趣与欲望。反之，如果教师只顾耕耘不管收获，不仅会造成课堂教学虎头蛇尾的教学遗憾，还会极大地降低教学效果和影响课堂教学质量。为此，有人曾把教学结束设计比喻为一台戏剧或是演唱会的闭幕式设计，如果“表演”得当，会让学生聚精会神、全神贯注，进入“唯恐聆听之不周，不知铃声之既响”的美好学习境界。

三、地理课堂教学结束设计的重要作用

地理教师实施课堂教学结束设计的根本目的在于通过增强教学结束功能和强化教师实施行为来提高课堂教学的应用水平。由于教学结束设计本身终究还是先于教学结束实践应用过程的计划性策划，因此其更多作用有待通过教师的实施应用来发挥。其重要作用具体表现在以下方面。

（一）总结归纳课堂教学知识

教学结束其精练准确的设计语言不仅能够突出教学重点和清晰教学条理，而且能够给予学生系统、完整的地理印象，加深学生对所学地理知识的理解与记忆，同时还能够有效培养学生地理综合归纳能力。

（二）及时巩固学生所学知识

根据艾宾浩斯遗忘曲线，学生对学习知识的遗忘规律是先快后慢、先多后少。因此，及时巩固学生所学知识能够有效保持他们的记忆知识储量，尤其是对那些大量的事实性地理知识的记忆来说，及时巩固学生所学知识更具有重要意义。

（三）获取学生学习反馈信息

教师通过总结归纳、强化训练或是其他有效手段能够及时了解学生对所学知识掌握的基本情况，并能够依据学生反馈信息有效修正他们的

错误认识和调整后续的教学计划。

（四）激发学生后续学习兴趣与欲望

具有丰富教学经验的教师总在教学结束时有意设置悬念或是埋下伏笔，让学生能够在教学结束后不断回味或是展开丰富联想，从而激发学生后续学习的兴趣和欲望。

第二节　地理课堂教学结束设计的基本方式

地理课堂教学结束的设计方式与设计方法多种多样，教师可根据具体授课内容、学生学习心理需求和课堂教学实际情况，并结合自身特长灵活机动地进行选择与设计。以下介绍几种常用的地理课堂教学结束设计方式。

一、归纳总结式

归纳总结式教学结束方式是高中地理课堂教学广泛应用的一种教学结束形式，它是指授课教师在课堂教学结束时，运用简明扼要的语言将新授课内容进行梳理、归纳与总结，从而突出课堂教学重点和清晰教学条理的一种教学结束方式。这种教学结束方式能够快速再现学生所学的重要知识内容，并有效建立新旧知识之间的联系和清晰系统知识条理结构。由于归纳总结并非课堂教学的新知识教学环节，所以教师应避免机械再现或是简单重复的做法，而应做好对所学知识的归纳、总结等加工处理工作，并特别注意创设相应的课堂教学结束情境，让学生所学知识内容能够得到有效拓展与延伸，从而进一步促进学生的知识建构与内化过程。另外，归纳总结式的文字表达可以是图框式，也可以是表格式；可以是因果关系式，也可以是基本特点式，具体设计需要教师根据实际情况灵活处理。

二、承前启后式

承前启后式是一种特殊教学结束设计方式。其中“承前”是指教学结束与本节课教学导入内容的相联系与之相呼应，比如对教学导入所设置的疑问或是悬念进行解答；“启后”则是指将本节课教学内容或是教学结束内容作为下一节课的教学导入内容，从而为学生后续学习做好必要的心理准备与知识准备。地理知识与知识之间存在着广泛联系，常常一个章节的教学内容需要通过几个课时才能完成，因此教师在进行地理教学结束设计时必须考虑后续教学内容，并为下一节课或是今后的教学做好铺垫。当然，承前启后式的设计重点是“承前”，“启后”仅仅是为学生的后续学习进行铺垫，所以教师在进行铺垫设计时一定要注意点到为止，切忌画蛇添足，为课堂教学结束带来麻烦。

三、拓展延伸式

拓展延伸式教学结束方式是指教师在学生充分认识、理解新知识内容的基础上，利用课堂教学结束时机把学生所学的知识内容与外界事物联系起来，从而有效引导学生思维向纵深方向延伸，认识视野向教材以外、课堂以外拓展的一种教学结束方式。拓展延伸式教学结束设计有利于学生创新精神与实践能力的培养，从而有效体现新课程教学理念的要求。但是，教师在选择设计拓展延伸式教学结束方式时一定要特别关注教学结束所联系的外界事物具体属性，即选择那些具有典型性、可思考性、可探究性的外界事物进行设计，因为不是所有外界事物都能够赋予教学结束拓展与延伸效果的。再有，所联系的外界事物如能够同时兼顾趣味性，能够激起学生的学习兴趣，那样更有利于让教学结束产生理想效果。

四、巩固练习式

巩固练习式教学结束方式是一种特别注重教学实用性设计的教学结

束形式，也是高中地理课堂教学广泛采用的一种教学结束方式。它是指教师为了强化学生当堂所学知识与技能，特意在新课教学任务完成后通过围绕教学重点展开系列实践应用、测试训练或是作业练习等，从而有效强化学生所获重要知识与技能的一种教学结束方式。巩固练习式教学结束方式虽然实施应用方法与手段很多，但实际地理课堂教学过程中更多的是教师通过布置课堂作业的方法来进行的。巩固练习式教学结束方式不仅能够有效的巩固学生所学知识与技能，而且还能够增强课堂教学的实用性与目的性，从而有效的提高课堂教学的效率和教学质量。

五、悬念创设式

悬念创设式教学结束方式是指教师针对学生认知发展水平与学习心理需求，结合教学内容，通过设置悬念激发学生的求知欲望，从而赋予课堂教学结束独特艺术效果的一种教学结束方式。严格地讲，悬念创设教学结束方式包含“设悬”与“释悬”两部分，但课堂教学结束环节特别要求突出其“设悬”设计，目的在于激起学生对后续学习的期待心理和求知欲望。由于悬念不仅能够有效唤起学生系列认知心理变化活动，而且能够赋予地理课堂教学结束浓厚的艺术效果，所以具有丰富教学经验的地理教师总是在课堂教学结束时通过设置悬念，使学生在“欲知后事如何”时突然终止，故意留给学生一个“未知数”，从而有效激起学生对新知识学习的期待心理与好奇心，使“且听下回分解”成为学生学习的一种期待，从而让地理课堂教学结束呈现良好效果。

六、激发鼓励式

激发鼓励式教学结束方式是指教师通过富有情感的话语启迪、鼓励、感染学生，或是寄厚望于学习过程之中的学生，从而培养他们发奋图强、刻苦学习精神的一种教学结束方式。激发鼓励式教学结束设计能够有效打动学生心灵，甚至直接影响学生的整个学习行为，使学生精神振奋、努力拼搏。这种教学结束方式对教师的语言表达能力要求比较高，它不但要求教师语言精练、准确、具体、形象、生动，更要求教师语言表达富有情感，因为只有在教师强烈情感影响下学生才会受到启迪、鼓励、感染，否则即使再华丽的语言通过生硬的表达也会变得索然无味。

七、幽默风趣式

幽默风趣式教学结束方式是指教师在对新课内容进行归纳总结、强化训练的基础上，通过对课堂教学结束过程或是教学结果进行幽默效果处理的一种教学结束方式。幽默风趣式教学结束所追求的是教学最后的轻松愉快、生动活泼，良好效果的幽默风趣式教学结束不仅能够有效调整学生学习心理，还能有效消除学生的学习疲劳和消极情绪，并能够有效激发学生的学习兴趣与提高学习主动性。地理教学实践证明，幽默风趣式教学结束的效果如何更多取决于教师课前的精心设计，如果教师在课前依据具体教学内容妥善做好幽默效果处理，就有利于在实际的课堂教学中产生良好效果。但是，良好效果的形成还少不了教师的教育机智，即需要教师灵活处理好各种预设与生成的矛盾。

第三节　地理课堂教学结束设计的基本要求

虽然地理课堂教学结束方式有很多，但良好的教学结束效果需要教师精心做好课前的各项预设准备工作，并通过不断提高教学结束设计艺术水平和灵活处理各种预设与生成的矛盾来获得。为此，高中地理课堂教学结束设计过程中，教师需要特别注意以下几点。

一、清晰教学条理，呈现系统结构

教学结束是地理课堂教学的点睛之笔，它有别于课堂教学导入、展开、承转、巩固等基本环节和教师其他教学行为方式。为此，高中地理教师在课堂教学结束时不但要能够深化学生对地理事实、概念和原理的认识，而且还要能够将学生所学的重要知识“连点成线”“织线成网”，给予学生清晰的课时教学条理，并呈现出学生所学重要知识内容的系统结构，从而帮助学生形成完整的地理印象和完善地理认知结构，进一步促进学生的知识建构与内化过程。所以，教师在预设准备工作中一定要认真梳理课时教学内容，找寻所授课的重要地理事实、地理概念、地理规律、地理原理，一定要依据其内部联系、因果关系和逻辑关系，理顺自己的教学思路，理清自己的教学条理，并对重要地理事实、概念、规律、原理进行妥善编排与设置，从而确保课堂教学结束环节收到良好的效果。

二、突出教学重点，归纳总结知识

地理课堂教学结束所提出的突出教学重点、归纳总结知识等基本要求，是教学结束环节区别于其他课堂教学环节以及教师其他教学行为方式的突出方面。为此，要求教师在预设准备过程中，要在分析与梳理教学内容的基础上做好对知识内容的归纳、总结等加工处理工作，并特别注意突出课时教学内容的教学重点。

三、注意拓展延伸，紧密联系实际

新课程特别强调课堂教学的理论联系实际与学生实践能力的培养。为此，高中地理教师应充分重视地理理论所联系的具体外界事物及其属性，要在巩固学生所学重要知识内容基础上利用教学结束时机引导学生思维向纵深方向延伸，引导学生认识视野向教材以外、课堂以外拓展。教师应让学生所学重要知识内容与外界事物或生活实际紧密联系，并在现实场景中得到具体验证，为学生后续学习奠定基础。总之，高中地理教师应紧密联系实际、注意拓展延伸，注意学以致用、能力培养和品德的提高，使教学结束成为新教学过程及教学内容的开始与起点，而不应把其视为单纯的地理课堂教学终结。

四、重视预设准备，处理生成矛盾

地理课堂教学结束环节的效果，从课堂教学过程角度来看实际就是教师处理预设与生成矛盾的结果，即教师对预设与生成矛盾的处理水平决定着地理课堂教学结束的效果。为此，教师既要做好课前各项教学结束预设的准备工作，并努力提高自己的教学结束设计艺术水平，又要能够正视教学结束生成过程中存在的各种现实矛盾，并善于灵活处理各种预设与生成的矛盾。具体包含两层含义：一是要求教师根据课堂教学内容、授课类型和学生认知心理规律，在课前设计出不同的教学结束方案，从而尽可能减少课堂预设与生成矛盾的出现，使课堂教学结束能够符合教学要求与学生实际要求；二是要求教师在课中生成阶段能够根据课堂教学实际情况灵活调整课前所预设的教学结束设计方案，从而确保实际课堂教学结束“水到渠成”，取得良好的教学效果。

五、遵循简练特性，体现结束要求

“简练”同样是地理课堂教学结束本身区别于其他教学环节与教师教学行为方式的基本特性。教学结束并非地理课堂新知识教学环节，因此，要求地理课堂教学结束设计及其实际应用应以简练为特色，即要求教师在教学结束环节能够做到言简意赅，使寥寥数语就能够起到画龙点睛、锦上添花、旨深意远、耐人寻味的效果，切忌教学结束言语冗长繁琐。

教学结束是地理课堂教学必不可少的重要教学环节，经过教师精心设计的教学结束能够在实际教学应用中产生良好效果，能够使课堂教学授课内容得以概括、系统、深化，能够为地理课堂教学起到点石成金的重要作用。为此，教师在预设准备工作中需要理清教学思路、呈现系统结构、突出教学重点、归纳总结知识、注意拓展延伸、紧密联系实际、重视预设准备、处理生成矛盾、遵循简练特性、体现结束要求，并注意全面落实各项基本要求。

第六章　高中地理有效教学

提高高中地理教学效率是高中地理课程标准一直以来的普遍要求，新课标在要求的内涵上更为丰富。分析高中地理教材，其内容主要包含自然地理、人文地理和区域地理三个模块，所以本章对高中地理有效教学的探索也从自然地理、人文地理和区域地理三个模块依次展开。

第一节　高中自然地理教学的有效途径

一、自然地理教学的一般策略

(一) 探究—发现式教学

探究—发现式教学借用自然地理研究的一般范式，从现象入手，提出假设，验证假设，最后发现规律和原理。探究—发现式教学是教师通过系统的步骤，指导学生思考、探索和解决问题，以帮助学生掌握科学研究的方式和方法，培养学生科学态度的教学方法。

(二) 实验教学法

地理实验是一种通过对地理事物和地理现象进行模拟实验来验证、巩固地理理论知识和探索发现新知识的教学方法。自然地理教学中有诸多对空间思维能力、演绎推理能力要求高的教学内容，如“正午太阳高度的测算”“大气的热力作用”“海陆热力性质差异实验”“水循环原理”“水土流失和植被覆盖率的关系”，恰当的地理实验既可降低地理学习的难度，又可有效培养学生的观察、动手、分析、归纳等能力。

实验教学法要注意的问题是，由于课堂实验条件与实际自然环境有差异，实验分析报告中要进行实验条件局限性分析。在开展地理实验的过程中，教师首先要明确实验目的，确定主要变量，控制其他变量对实验结果的影响；然后设计实验流程，尽量模拟自然地理环境；最后做好实验观察记录，并对实验条件与自然环境的差异进行评估。

（三）野外考察法

野外考察是自然地理教学的基本方法之一。地质、地貌、水文、天气、气候、植被分布、矿产分布、土地资源等自然地理内容的教学均适宜采用野外考察法。野外考察活动可以通过最基本的方位确定、地理测量、地理观察等活动全面发展学生的地理能力。野外考察重在联系地理教学实际、能够利用的实际条件和学生的实践能力等。

二、基于学习迁移理论的高中自然地理教学

（一）学习迁移概述

1. 学习迁移的定义

学习是一个持续的过程，任何学习都是在学生已经具有的知识经验和认知结构、已经获得的动作技能、已经习得的态度等基础上进行的。而新的学习过程及其结果又会对学生原有的知识经验、技能、态度甚或学习策略等产生影响，这种新旧学习之间的相互影响就是迁移。有人认为，迁移是一种情境中技能、知识和理解的获得或态度的形成对另一种情境中技能、知识和理解的获得或态度的形成的影响。迁移就是指先前学习对后继学习的影响，但后继学习对先前学习也会起作用。因此，一般也将迁移定义为：迁移就是一种学习对另一种学习的影响。

2. 学习迁移的分类

根据学习迁移的性质、方向以及学习材料的特点，可以将学习迁移分为不同的类型。一般可从以下几个方面进行分类。

（1）正迁移和负迁移

从迁移的性质看，可以将迁移分为正迁移和负迁移两种。一种学习对另一种学习产生的积极作用叫正迁移，也就是两种学习之间相互促

进。反之，一种学习对另一种学习的消极作用叫负迁移，也就是两种迁移相互干扰。一般来说，负迁移是暂时性的，可以通过一段时间的训练来消除。有效迁移教学最主要的功能就是促进正迁移的产生，排除负迁移对学习的影响。

(2) 顺向迁移和逆向迁移

从迁移发生的前后方向来看，可以将迁移分为顺向迁移和逆向迁移。先前的学习对后继学习的影响是顺向迁移，后继学习对先前学习的影响是逆向迁移。不论是顺向迁移还是逆向迁移，都具有正负之分。

(3) 垂直迁移和水平迁移

从前后学习的难易差异可以把迁移分为垂直迁移和水平迁移两类。难易不同的两种学习之间的相互影响叫垂直迁移。垂直迁移又分为自下而上的迁移和自上而下的迁移。自下而上的迁移即较简单学习对复杂学习的影响，如对热力环流的学习，教师先展示实际生活中的热力环流现象，让学生根据现象观察出热力环流运动的步骤，然后教师引导学生理解热力环流形成的原理，从而归纳总结出热力环流的概念。

3. 影响高中自然地理学习迁移的因素分析

(1) 主体因素

①学生的心理状态

学生的心理状态对迁移的影响是双方面的，即学生的心理状态对迁移的影响可能是积极的也可能是消极的。学生的心理状态可以归纳为以下几种情况：

第一，学生的兴趣和迁移动机。在学习过程中，学生的兴趣对于迁移发生的影响是很重要的，学生对所学知识的兴趣大小直接影响迁移发生的效果。学生的学习兴趣越大，迁移的效果就越好。反之，学生的兴趣越小，迁移的效果就越弱。无论是学生知识的构建还是能力和思维的培养及方法的运用都直接受学生的兴趣和迁移动机的影响。

第二，学生在面对学习和考试时的紧张程度。在应对考试和教师提问时，由于个人心理活动的不同，所出现的迁移结果也不尽相同。有的学生心理素质较好，面对压力和考试时能够以平和的心态去应对，可以有效地提高迁移效果。反之，有的学生心理素质相对欠缺，面对压力和考试时，不能以很好的心理状态去应对，迁移效果就会受到影响。

②学生的认知结构

所谓认知结构，就是学生头脑里的知识结构，它是学生全部观念或某一知识领域内的观念的内容和组织。广义上来说，认知结构是学生已有的观念的全部内容及其组织；狭义上来看，它是学生在某一学科的特殊知识领域内的观念的全部内容及其组织。奥苏贝尔在他的认知理论中提出，认知结构是影响迁移的重要因素，主要通过三个变量影响迁移的发生。

第一，认知结构的“可利用性”，即存在于学生原有认知结构中对新认知（知识、技能、方法等）起固定和吸收作用的认知。简单地说，就是新知识与原有认知结构中有关的观念建立在某种合理的或逻辑基础上的联系，两种认知之间的联系越紧密，原认知概括程度越高，迁移的效果就会越好，更便于学生迁移的发生。反之，如果新旧认知之间的关联度不高或者学生对原认知的概括理解程度不高，是靠死记硬背来完成对旧认知的理解，而没有深入挖掘旧认知的内涵，就很难实现与新认知的有效迁移。例如，“内力作用和外力作用对地表形态的影响”就是后续学习“山地的形成与河流地貌的发育”的前提，只有深刻理解和掌握内力作用和外力作用对地表形态的塑造，才能理解山地形成与河流地貌发育的真正含义以及二者之间的关系。对于这个变量，奥苏贝尔提出了“组织者”概念来强化迁移的效果。所谓“组织者”，即帮助新学习的“辅助引导材料”，从而加强原有认知与新认知之间的迁移效果。

第二，认知结构的“可辨别性”，即起固定、吸收作用的原认知与当前的新认知的异同点是否清晰可辨。新认知与原认知之间的辨识度越高，对于新认知的习得帮助越大。反之，辨识度越低，二者越容易发生混淆，新认知也就越容易被原认知替代。所以，教师在课堂设计时要尽量采用对比等方式来强化知识之间的可辨别性。

第三，认知结构的“稳固性”，即起固定、吸收作用的原认知的稳固程度。原认知稳固性越好，越有利于有意义学习的发生，从而推进迁移的进程。教师为了提高新知识的学习效率，一般会在新学习开始前或者学习中巩固与新知识相关的原有知识，从而更好地促进学生的学习和迁移。

(2) 客观因素

①学生所处的情境

学习情境包括校外情境和校内情境。早先的迁移理论关注的都是学习材料之间的共同性和相似性以及认知结构与学习迁移的关系，而对在迁移过程中起重要作用的物理和社会情境因素有所忽视。很多学者认为情境对于迁移的发生并没有实际意义，它只是学习的背景，还不可以直接参与到真正的学习活动中来。但随着对迁移和情境理论的进一步研究，学习理论家们的关注点开始从认知向情境转变，并发现情境与学习迁移的发生有着密不可分的关系。学习情境理论强调实践能力形成的重要性，在这方面，学习情境理论与迁移理论是不谋而合的。因此，从情境的角度来探讨怎么促进有效迁移的发生无疑是有帮助的。有的学者甚至认为学习的根本特征就是情境性的，学生通过与所处情境的相互作用来达到对新情境的适应。

学习情境对迁移的影响主要体现在其对学生迁移意识的诱导上。迁移的本质就是利用已有的认知去促进新问题的解决。在此过程中，学生会在解决新问题时遇到新的特定情境，并对它产生困惑或者不确定。这种对新情境产生的困惑和不确定是学生发生迁移心向的必备条件之一。因此，学习情境可以帮助学生形成积极的迁移心向，从而增强学生的迁移意识。与此同时，在解决新问题的情境中，学生往往会通过多种学习方式去亲身体验新问题解决的所有过程，从而形成对新问题的全面理解，使迁移更加广泛。

在地理教学中，教师要实现迁移的有效性就必须为学生提供相应的学习情境，让学生在情境中发现问题的解决方法，自主探究，形成积极的迁移心向，从而促进迁移的有效发生。但需要注意的是，地理教师在创设情境时一定要使情境与问题解决紧密联系起来，并关注情境的呈现方式。

②地理教师是学生发生迁移的引导者

处于高中阶段的学生还不具有迁移的意识，在知识信息的获取、归纳总结和方法策略的运用上都还不够成熟，所以学生如果想在学习中使迁移有效发生，就离不开教师的指导。

第一，在教学过程中，教师以学习迁移理论作为教学的指导，设计有利于学生迁移产生的教学，采用多种教学方法引导学生自主探究和解决问题。学习迁移不是自发形成的，教师要增强自己的迁移意识，充分发挥教师的主导作用，调整教学过程中可能会促进学生迁移的条件、内容，进而提高学生学习迁移的能力。

第二，在地理教学过程中，不是仅仅将知识传授给学生就意味着教师完成了教学任务，教师要完成教学任务还需要教会学生地理学习的方法和技能，指导学生运用正确的地理思维方式去理解地理概念、原理以及规律，使他们能够使用所学到的地理知识、技能、方法、原理、思维等去解决实际生活中的地理问题。

（二）高中自然地理迁移教学的策略

1. 强化地理教师的迁移意识

地理教师一定要有意识地培养和增强自己的迁移意识。增强迁移意识的方式主要有以下几种。

（1）强化对迁移理论知识的学习

教师只有将迁移理论知识理解透彻了，才能真正地指导迁移教学的实践，提高教学效率。

（2）反复训练学生的迁移意识

自然地理需要获取的地理技能较为抽象和复杂，通过一两次的训练很难达到效果，但地理课堂时间有限，训练不能持续性地进行，所以地理教师应该鼓励学生开展地理课外学习小组活动，由此来调动学生地理技能训练的积极性和持久性。当然，在此过程中，教师一定要做好引导工作，利用多种方式激发学生开展地理技能训练活动的兴趣。

(3) 课堂多总结、多归纳

迁移意识的培养不是一蹴而就的，地理课堂是地理教师开展迁移教学的重要场所，所以要充分利用起来。每节新内容的学习容量都很大，学生能真正获取的地理信息是很少的，如果教师不重视对重点知识的总结和归纳，学生就很难提取真正有用的地理信息，难以实现知识的迁移。所以，在课堂上教师不仅要做到多总结，还要锻炼学生自己总结的能力，提高教师教学和学生学习的效率，真正做到为迁移而教。

2. 知识类比教学

奥苏贝尔认为学生的认知结构迁移有三个基本特征："可辨性""可利用性""稳固性"。"可辨性"可以理解为知识之间的差异性；"可利用性"可以理解为知识之间存在的共同要素；"稳固性"可以理解为原有知识的稳固程度。根据奥苏贝尔对认知结构迁移的解释，我们可以总结出以下观点：正确处理知识之间存在的可辨别和可利用的内容以促进正迁移的发生。自然地理基本知识类比教学策略的实施就是为了更好地利用知识之间存在的"可辨性"和"可利用性"，从而促进迁移的发生。自然地理中很多概念和规律性的知识因为可辨性不高，常常容易混淆，如冷锋和暖锋的概念、自然地理环境的纬度地带性差异规律与垂直地带性差异规律。对于这类基本知识，教师在教学中要注意它们之间的差别，使学生弄清其本质。此外，也有很多知识存在着较强的可利用性，如热力环流的原理是学习气压带和风带形成的基础。所以，教师一定要把握好知识之间的联结关系，有效地开展类比教学，促进正迁移的发生。

3. "先行组织者"教学

所谓"先行组织者"，是先于学习任务本身呈现的一种引导性材料，它要比学习任务本身有较高的抽象、概括和综合水平，并且能够清晰地与认知结构中原有观念和新任务关联起来。也就是说，通过呈现"组织者”，在学生已有知识与需要学习的新内容之间架设一座桥梁，使学生能更有效地学习新材料。先行组织者主要包括两类：说明性组织者与比较性组织者。说明性组织者和新内容是从属关系，如气压带和风带的知识可以帮助学生分析热带雨林气候、地中海气候、热带草原气候等气候类型形成的原因和基础；后者为新旧知识的联系提供一种学习材料，如内力作用对地表形态影响的学习思路就可以帮助学生学习外力作用对地表形态的影响。先行组织者是迁移发生的准备，好的先行组织者可以帮助学生更好地进行迁移。在地理迁移教学中，教师可以从以下两种途径来践行组织者的教学策略。

（1）提供与新内容相关的学习资料

这里所说的学习资料是指能够促进地理新内容学习的影像、图片、文字等资料。在地理教学中，影像、图片、文字等学习资料比传统的教科书更能激发学生的学习兴趣，并且能够帮助学生丰富自己的知识、开阔自己的视野。这些学习资料的提供必须具有一定的教学目的，可以帮助学生更好地进入学习情境或者帮助学生更好地理解知识。例如，讲到火山的时候，教师在开始上课之前先提供一段有关火山喷发的视频，不仅可以激发学生的兴趣，还可以更好地帮助学生了解火山喷发的相关知识，从而促进学习迁移的发生。

（2）有效利用学生已有的知识经验

新知识的学习要建立在已有知识经验的基础上，进行同化顺应的建构。旧知识可以帮助理解新知识，新知识的学习很多都是建立在旧知识的基础上的。所以，在地理教学过程中地理教师一定要充分挖掘学生已有的知识经验，以更好地帮助学生构建新知识。

4．案例情境教学

地理案例是地理基本知识的载体和呈现方式，是情境教学的一个重要组成部分，能够形象、直观地完成知识的教学。地理案例教学具有重要的迁移价值，可以使地理基本知识更加具体，以案析理、以理析案都是迁移教学的方式。地理案例教学有以下几种功能。

(1) 激发学生的学习兴趣

案例教学的优势在于可以使用大量的案例来呈现知识。自然地理概念和地理规律、原理比较抽象，传统的讲授方式难以激发学生的学习兴趣，更不能帮助学生更好地理解地理基本知识的内涵。在地理教学中采用案例教学，给学生营造生动、活泼的学习气氛，并设置与案例相关的问题探究，不仅能够调动学生思考问题的积极性，还能够将理论联系实际，将知识生活化。例如，热力环流原理的案例教学，这部分知识相对枯燥和抽象，在教学过程中，除列举书本上的山谷风、城市风和海陆风以外，如果教师能够选取几个现实生活中的例子加以解释，就更有助于实现热力环流原理知识的迁移。

(2) 加深对地理知识的理解

地理案例教学往往采用对案例的分析来完成以案析理的教学过程，由于自然地理知识与规律的抽象性，教师只进行单纯讲解很难使学生理解基本知识的内涵，若用案例进行说明，不仅形象、直观，还能够帮助学生更好地理解知识的内涵。例如，昼夜长短的季节变化规律这部分知识学生很难理解，只能靠死记硬背来掌握，但如果教师善于利用所在地的四季昼夜长短的变化加深学生对该知识的理解，就会事半功倍，促进知识的迁移。

(3) 培养学生的地理思维

以案析理和以理析案都是对地理思维能力的培养。以案析理是根据对个别案例的分析得出地理规律和地理原理，是从个别到一般的思维方式，类似于归纳法。例如，讲到热带雨林气候的特征和分布规律时，教师可以给出亚马孙平原、马来西亚等热带雨林气候区的气候特点，让学生观察其分布的纬度，受什么气压带或者风带的控制，学生在分析这些区域的气候特征、分布纬度和形成原因时就会发现它们之间存在的共同规律，从而总结热带雨林气候的特征及其分布规律。

以理析案和以案析理的方式刚好相反，它是对自然地理规律和原理进行教学，再举例说明其在现实生活中的运用，类似于演绎法。基于案例情境教学的这三种功能，地理教师可以适时采取案例教学来促进有效正迁移的发生。

第二节　高中人文地理教学的有效途径

一、高中人文地理教学的核心领域

（一）高中人文地理教学需重视的“核心地理能力”

人文地理侧重于研究人对地、人与人的关系，以揭示人类活动的空间结构及其地域分布的规律性，树立正确的人口观、人地观、资源观和环境观。当前人类所面临的人口、资源、环境与发展问题，现代公民尤其需要通过接受人文地理教育，以更深入地研究国家建设问题和解决诸多重大社会问题。要有效解决地理问题，需要人们在面对某一地理事象时能够有效地获取、解读、分析地理信息中的有效内容和价值，运用地理基本观点与方法，从“空间”“相互作用”“时间动态”三个独特的视角出发，发现与提出地理问题，并将中心问题分解成具有逻辑关系的各个层次的子问题，使其易于理解分析。同时调动和运用地理基本概念、原理、规律等分析问题，运用文字、图表等描述和阐释地理事物的特征、分布和发展变化，深入探讨地理问题，从而最终解决地理问题。

在人文地理教学过程中，教师应让学生尝试运用所学的地理理论和地理研究方法对地理信息进行分析、综合。学生应尝试从学习和生活中获取地理信息，发现地理问题，提出探究方案，与教师或同学合作，开展调查和研究，作出评价，提出解决问题的相应对策；关注有关地理的重大问题的讨论，了解社会有关部门对地理问题的见解，积极参与问题研究，提出自己的见解和建议，并与他人交流。这样，地理问题解决能力又可分解为地理信息加工能力，地理空间格局的觉察能力，地理特征的比较与概括能力，地理过程的分析、想象与简单预测能力，等等。

1. 地理信息加工能力

信息技术的发展和新课程改革使高中地理教育出现智慧化趋势。地理教育的重要功能是使每个学生都能成为地理信息的主人，都能收集、选择、整理、加工和使用地理信息。人文地理研究的对象是人类活动和社会现象，内容与学生生活实际有直接的关系，从而便于学生结合相关课题通过实地考察、访问等生动活泼的方式获得资料，培养和发展地理信息加工能力。

在教学过程中，地理教师要创造机会和条件让学生以实地观察、观测、调查访问等方式获得资料，引导学生运用区域的数据、资料及图表来分析、论证、验证人文地理原理或总结人文地理特征，培养和发展学生的地理信息加工能力。

2. 地理空间格局的觉察能力

这是对地球表层各种事物的空间位置关系、空间展开范围和空间排列状态的敏锐觉察力，是一种具有前瞻性的观察能力，体现了地理学的科学思维。例如，法国地理学家利恩·戈特曼在20世纪60年代就提出了城市群的诊断、理论与模型，阐述了美国东北部地区作为世界级城市群出现的重大意义。他从相互联系的理念和全球的视野揭示了城市群功能和内部结构的变化。人教版高中《地理·必修2》侧重于人文地理学习，三大学习主题均蕴含着对地理空间格局的敏锐觉察能力的培养。培养地理空间格局的觉察能力，应当把学生能够顺利地观察、想象、概括地理事物在地球表层的空间位置关系、空间展开范围和空间排列状态作为基本要求，通过“情境创设”教学活动，让学生在观察、想象、概括、描绘、表达的过程中发展对地理空间格局的觉察能力。

3. 地理特征的比较与概括能力

这是指地理学习过程中所表现出来的对地理事象的显著特征进行分析比较、抽象概括的能力。中图版高中《地理·必修2》“人口增长的模式及地区分布”“城市的空间结构”等均涉及地理特征的比较与概括能力。此项能力的培养要求达到：能够较熟练地用观察与分析的方法识别地理事象的显著特征与标志；能够较熟练地用比较法认识地理事象的差异；能够在识别地理事象特征与标志的基础上用简练的语言概括地理特征。

地理特征的比较与概括能力的培养要求教师能够指导学生在研究生产、生活中的实际问题和社会热点、焦点问题时，有意识地从地理视角去观察问题、发现问题中蕴含的地理特征，并能够对这些特征进行系统分析、描述与概括。

4. 地理过程的分析、想象与简单预测能力

这是指能够对某个地理事件的空间动态过程进行分析、想象，并预测其未来发展变化趋势的一种地理学习能力。地理学习对象经常涉及“地理过程”，人文地理亦如此。人口的变化、城市化过程、农业地域的形成与发展、工业地域的形成与发展、交通运输方式的变化、人地关系思想的演变等均是地理事项在空间与时间上的发展演变过程。对该类教学内容的学习需要想象、猜测与类比，因此可以用来作为培养学生分析、想象与简单预测能力的载体。例如，关于人类生产活动的基本形式，新课标在“活动建议”中提出“结合所学知识，判断本地农业地域类型，并分析其形成条件”“模拟设计某地区交通运输线路和站点的布局方案，简述设计理由”等，这些地理学习活动就是一个对地理过程的分析、想象与简单预测的过程。

地理过程的分析、想象与简单预测能力的培养要求教师能够在有关地理过程的教学中，鼓励学生结合所学知识，大胆地猜测和想象，提出与众不同的见解，通过直觉领悟与逻辑方法并用，使学生养成逻辑思维与非逻辑思维相结合的思维习惯。

（二）人文地理教学需重视的“核心地理观点”

地理观点是地理科学素养的重要组成部分。地理观点为人们提出、回答、识别和解决地理问题以及评价可能产生的后果提供了一个参考框架。人文地理的核心思想包括区位论和人地关系论。区位论包括人口区位、聚落区位、产业活动区位等，人地关系论包括资源问题、灾害问

题、环境问题和环境保护问题等。从地理课程标准的要求、地理学家的倡导以及基础地理教育的实际来看，这些学习主题贯穿和渗透了人地协调观、可持续发展观、空间观等核心地理观点。人文地理教学需重视这些地理观点的教育，使学生在学习地理知识的过程中追踪地理思维的轨迹，形成正确的人地思想观念，促进人文精神的发展。

1. 人地协调观

人地关系是地理学研究的永恒主题，其研究目的在于消除人类同其生存的地理环境间的一切不协调矛盾，创造出一个非常适宜人类生存的生态环境。我国当前的发展问题，如资源开发、城市建设、土地利用、环境保护和国土整治等均离不开正确的人地关系思想的指导，环境污染问题、战争冲突、全球变暖问题、人口问题、资源问题和发展问题更与人地关系密切相关。高中人文地理以人地关系为研究对象，包括人口、城市、农业、工业、交通等内容，这些人类活动都会给地理环境带来影响。协调人类活动与地理环境的关系，促进人地协调是人文地理研究的重点内容。

人地协调观强调人类活动对于地理环境的主观能动性，同时强调环境对于人类活动的反馈作用。人文地理教学要帮助学生针对现实生活中的地理问题获得有关人地关系方面的知识和技能，使学生体会地理学与现实生活的密切联系和地理学的应用价值，树立人地和谐相处的价值观。

2. 可持续发展观

可持续发展观的核心就是协调人口、资源、环境与社会发展之间的关系，建立一种全新的社会发展理念，如“只有一个地球”“人与自然和谐共处”“人口道德”“环境道德”“资源道德”“代际公平”和“代内公平”意识。可持续发展是人类对以经济增长为核心的传统发展观反思的结果，是谋求环境问题解决的一种策略，代表着人类社会发展的未来走向，因此，可持续发展不仅是人文地理教学的重要内容，也是人文地理教学的重要目的。高中人文地理选择了四个主题：人口、聚落中的城市、生产活动以及人文地理的基础理论——人地关系和可持续发展理论，这四个主题正是围绕人地关系这个永恒的主题，以实现可持续发展为目标，让学生在可持续发展的原则下，站在协调人地关系的高度，系统学习人类应该怎样行动，领悟走可持续发展之路是人类的必然选择，认识在可持续发展过程中个人应具备的态度和责任。

3. 空间观点

地理是关于人类的生存空间的一门学问，空间观点是地理学观察世界的方法。空间观点主要是对地理现象的分布格局及其空间关系的基本认识，涉及“它在哪里”“它是什么样子的”“它是什么时候发生的”“它为什么在那里”等问题。人文地理是从区域的角度研究社会现象的，“区位”是人文地理的核心，区位分析是高中地理的重要内容。人教版教材重点介绍了农业、工业的区位选择，交通运输线路的布局问题，这些主题以研究人类活动的空间结构及其空间关系为核心，旨在帮助学生建立空间观点，包括区位与空间分布的观点、地理环境的整体性与差异性观点。

二、高中人文地理教学的一般策略

（一）开展体验教学

自然地理的学习可以充分体现理性主义的自然科学方法，需要科学的客观立场。人文地理的学习则更需要触及人的心灵深处，更加需要用“人文与社会”的方法去体验和研究充满活力的生命和社会现象。基础教育课程改革非常强调学生的体验，不但要求教师转换教学思维方式，更要求教师不再“物化”教学，而要“人化”教学，关注学生的情感世界和个体体验。体验是一种产生情感且生成意义的活动，体验的结果是产生情感且生成意义，二者缺一不可。

首先，人文地理蕴含丰富的人文精神（即情意目标），需要通过体验来达成。体验是一种综合性的心理活动，包括“以身体之、以心验之、以脑思之”。体验教学既重视知识技能的传授，也强调情境创设与亲历过程，还“照料人的心魄”，有利于地理三维目标的整体达成。其次，人文地理的生活性为体验教学的开展提供了前提条件。体验与生活的意义密切相关，指向价值世界。人文地理中包含着许多与生产、生活密切相关的知识点，有利于教师结合生活实际开展体验教学，让地理知识与学生的生活世界产生际遇，相通相融，并内化为学生的素质，使学生的生命得到拓展与提升。总之，人文地理与体验教学可谓是高度契合，人文地理中有很多内容都适合学生去亲身体验。体验的方式是多样的，包括动手画、动手算、社会调查、社会决策等。例如，人文地理教学中常用的教学策略——决策教学与图层教学是一种决策式的体验，社会调查是一种调查式的体验，乡土地理教学是生活体验式教学，色彩鲜明。

感知、活动、生活是形成体验的三种直接途径。当以人文地理原理为核心目标时，可采取决策教学与图层教学，通过让学生经历与反思来促进体验的生成；当以人文地理技能为核心目标时，可采取乡土地理调查、资料分析等策略促使体验的生成；当以地理情感目标为核心目标时，可结合案例和设置“情境”，通过“触景生情”的体验培养学生情感目标。

(二) 结合乡土地理

乡土地理即本土本乡的地理，实质是身边的地理。乡土地理是地理的基础，所以地理课程应该从乡土开始，这是现在普遍承认的一个基本原则。我国非常重视乡土地理教学。竺可桢先生曾在《地理教学法》一文中说到：“凡教学地理，必须自己知至未知，自儿童日常所惯于见闻之物，而推至于未睹未闻，自个人所受环境之影响，而推广及于社会全体，是故教学地理。开始必自本土地理着手。”当今我国高中人文地理中的四大主题——人口问题、城市问题、生产活动与地域联系、人地关系与可持续发展都具有浓厚的乡土情结，为乡土化人文地理教学提供了广阔的平台，因此有学者明确提出“乡土化高中人文地理课程”的建议。

乡土地理不仅能够体现地理学科的特色，也蕴含着多重教育意义。第一，乡土地理教学具有很强的实践性，有利于培养学生的地理实践能力。第二，乡土地理有利于提高学生的地理学习兴趣。乡土对学生而言，是某种意义上的“家”的概念，会使学生产生一种亲近感，为学生提供一种情感上的安慰。第三，乡土地理的研究活动可以使概念、原理、规律具体化和形象化，使地理教学的空间延伸到课堂之外，教学内容也从枯燥的科学世界激活为生动的生活世界，既能体现地理的学科价值、增强地理课程的吸引力，又能培养学生学习地理的兴趣。第四，乡土地理有利于增强学生热爱家乡、热爱祖国的情感。乡土是学生观察、了解祖国的“窗口”。可以通过乡土地理的教学让学生对祖国有更深切的感受，从而有助于培养学生热爱家乡、热爱祖国的情感。第五，乡土化人文地理教学有助于培养学生的可持续发展观，这本身就是人文地理的核心教学目标之一。

（三）融入讨论环节

人文地理知识具有明显的概然性与开放性，对于某一问题的答案往往是多元的，因此极具讨论的价值与意义。在人文地理教学实践的过程中，讨论活动较为常见。首先，讨论活动有利于提高学生的参与性，有利于学生主体性的发挥，让学生真正地参与地理教学。其次，集思广益的讨论有利于培养学生的思维能力和表达能力。讨论始于问题，学生只有深入地思考，保持探索的态度，才能展开讨论。在讨论的过程中，学生需要倾听、理解和评价别人的意见，这需要进行辨别、判断、分析、推理等思维活动。同时，学生还需要表达自己的观点，用论据支撑自己的观点。最后，讨论有利于培养学生合作交流的技巧与能力。学生在讨论的过程中既要学会倾听别人的意见，又要学会正确地表达自己的观点，理性地对待不同的观点，学会批判地看待自己和他人的观点以及如何在小组内进行分工合作。总之，讨论的目的往往不在于知识本身，而在于启发思维，发展交流合作的能力，升华情感体验。人文地理讨论的形式多样，如辩论、座谈、研讨、小组讨论、专题讨论、头脑风暴等。

三、高中人文地理翻转课堂教学模式

翻转课堂也称颠倒课堂，是网络课堂与现实课堂的结合，教师在课前把将要学习的课题的教学录像放到网络上，供学生课前自学与练习；在现实课堂里，教师根据学生的课前学习情况进行有针对性的问题解决式教学。翻转教学的实质是通过合理运用现代信息技术来革新教与学的关系，践行“先学后教、以学定教、以学论教”的新课程理念。

（一）翻转课堂对于高中人文地理教学的适切性

翻转课堂是一种混合式学习教学模式，其教学环节可具体描述为课前与课中两个环节。课前环节强调学生的自主学习和问题发现，学生结合视频进行自主学习与交流讨论，通过多种互动方式将不懂的知识或需要进一步深入理解的问题反馈给教师；课中环节强调师生学习共同体的合作探究和问题解决，教师因材施教，或通过开展活动帮助学生掌握和运用在课前学到的新知识与技能。与传统教学模式相比，翻转课堂在教学理念、教学模式、教学流程、师生角色、教学目标、教学评价等方面都发生了实质性变革。

每一种教学模式都各有利弊，翻转课堂的适用范围也有一定的限制，并不是所有年级的学生都适用。相对而言，翻转课堂更适用于高中生，这是因为高中生的自主学习能力以及应用信息技术的水平相对较高，技能比较熟练，并且很多高中的知识都是初中知识的升华或深入。高中人文地理以初中区域地理知识和高中自然地理知识为基础来研究人类活动和社会现象，这些对象和内容与学生生活实际都有直接的关系。因此，在高中人文地理教学中实施翻转课堂是适宜的。

1. 符合人文地理知识内容的特点

人文地理的人地关系中“人对地”的影响占绝对主导地位，在人教版高中《地理·必修2》人文地理的编排中，人口问题、聚落中的城市、生产活动与地域联系、人地关系和可持续发展这四个主题知识都是以较完善的人文地理理论为基础的，如环境承载力与人口合理容量理论、人口迁移动因理论、城市空间结构理论、中心地理论、农业区位论、工业区位论、可持续发展理论等，人类活动在地理环境上产生的人文事项都隐喻在这些理论和原理之中。人教版高中《地理·必修2》的编排特别注重与重大的社会现实或学生的生活实际紧密结合，选取和利用典型活动、鲜活生动的案例来揭示人文地理的基本原理和观点，并以相关理论为指导，客观分析、评价某一区域环境中人类活动的合理性或对人类的不合理性活动进行反思，这样就使得人文地理基础知识的内容具有生活性、近域性、可控性和可参与性。

根据新课程观，学生的知识来源既包括地理教材上的知识素材，也包括教师的个人知识以及师生互动中产生的知识。人文地理传统的“课堂讲解＋课后作业”教学模式脱离学生的生活实际，忽视学生的体验生成，从而使人文地理教学成为课堂上教师“灌输”知识、课后学生死记硬背的“鸡肋”课，人文地理所蕴含的丰厚的人文思想与科学精神无法为学生所体验、感悟和内化，也难以发展为学生处理人与人、人与环境、人与自身关系的人文精神与情怀。翻转课堂“课前学习＋课堂探究”的教学模式使学生课前能够结合自己的生活经验观看教学视频，展开自主学习，发现问题，课中又能够带着问题与教师、同学一起进行合作探究，这种学习过程能够从心理上、情感上降低学生认识抽象的人文地理原理的难度，激发学生对地理学习过程的主体参与意识。

2. 更有利于达成人文地理的培养目标

人文地理课程以人地关系为基础，探讨各种人文现象的地理分布、扩散与变化，以及人类社会活动地域结构的形成和发展规律，其培养目标在于提供现代公民必备的人文地理知识，增强学生的地理学习能力和生存能力，使学生关注人口、资源、环境、区域发展等基本问题，促进学生正确认识人地关系，形成可持续发展观念等。这个培养目标又可具体分解为知识与技能，过程与方法，情感、态度与价值观三个维度。

从教学流程上看，传统课堂教学多是在教师讲解完知识后以布置作业和课后拓展练习来结束教学。这种强化训练不仅会使学生因教师的共性讲授而产生知识负迁移，更严重的是，课后练习所获得的学习收益是单向的，仅限于知识与技能的巩固与迁移，而情感、态度与价值观的生成是不能通过强化训练获得的。即使获得了知识与技能，由于缺乏集体智慧与思维碰撞，这种对知识的理解与能力的发展也是局部的、片面的，学生难以形成地理科学精神与人文素养。翻转课堂的课前学习是一种学生的体验性学习和反思性学习，课堂探究活动是一种探究学习和协作学习，有利于学生体验地理过程与方法、感悟地理情感态度与价值观目标。这些学习结果又可以帮助学生驾驭较为复杂而又系统的地理科学知识，并使地理基础知识与技能的获得成为一种“做中学”的实践应用过程，而不是单纯的记忆和积累的过程。在反思、交流、讨论、表达、评价的过程中，学生能够逐渐形成从情感、精神、文化的层面理解和处理事物的人文精神，从而实现三维目标的整体达成。

（二）翻转课堂在高中人文地理教学中的实施

根据高中人文地理教学内容的特点与培养目标的要求，翻转课堂在人文地理教学中的实施过程分为课前学生自主学习与课中合作探究学习两大环节。课前学生自主学习由观看教学视频、课堂练习和在线交流三个相互衔接的活动构成；课中合作探究学习由提出问题、协作学习、成果展示和反馈评价四个活动构成。

1. 课前自主学习

学生结合视频中设计的问题开展有针对性的课堂练习，完成本节课的教学要求；通过“课程在线”等网上交流平台交流观看教学视频时的心得体会，提出自己的学习困惑，并通过“同伴互助”解决部分疑难问题。教师则通过“交流平台”把握学情，明确教学问题，为课中的探究学习确定好教学起点。

（1）观看教学视频

课前自主学习是学生掌握教材的基础知识、发现学习疑难与困惑、完成教学基本要求的阶段，而观看教学视频是学习的第一步。学生要结合教材和学案观看教学视频，了解教材的基础知识，提出观看视频时产生的疑难与困惑。

（2）进行课前练习

在每段视频后，教师需布置有针对性的课前练习，让学生对学习内容加以巩固并发现学习疑难与困惑。教师在运用最近发展区理论进行教学问题的设计时，充分考虑问题的难易程度与练习数量，通过一个个源于课本又高于课本的问题引导学生深入地学习思考，帮助学生进行知识的掌握与巩固，促进学生旧知结构向新知结构的扩充与完善。针对学生的测试情况，教师还要通过 Moodle 平台测验模块的“结果分析”，统计出每个学生的完成情况，并详细分析学生的出错信息，以做到先学后教、以学定教。

（3）进行在线交流

学生在观看完教学视频后进入网络课堂，通过讨论板、聊天室等网络交流工具，将自己的见解和疑难上传至论坛，并将自己的学习结果与他人进行交流。通过二次学习，学生可以分享彼此的学习成果，并解答其他同学的疑难困惑。为了确保学生讨论交流的参与度与时效性，教师要规定好在线交流的起止时间。

2. 课中探究学习

（1）提出问题

教师根据学生课前练习与在线交流情况，总结出一些具有探究价值的问题，并根据学生的学习现状，设计课中探究问题，如果问题头绪较多或涉及面较广，教师要将问题进行分解。学生根据自己的理解和兴趣选择相应的探究题目，选择同一问题的学生组成一个小组，小组规模控制在 4～6 人；选择同一问题的小组成员要根据能力与需要进行组内协作分工，以便进行探究学习。

（2）协作学习

协作学习的过程是学生探索问题解决思路与方法的过程，学生结合自身生活经验与知识基础，对问题展开充分的分析探讨。这样的知识学习不再是单纯的“记条条、背框框”的识记之学，而是能够灵活地将所学地理知识与原理迁移到问题解决的思路与方法中，做到理论与实践相结合、知识与能力相转化、理性与感性相融通。协作学习过程中，教师要对整个探究活动进行监控、调整与引导，适时做出决策，引导探究活动深入开展与顺利进行。

（3）成果展示

经过协作学习后，各小组组长把本组的探究问题迅速列在黑板上，然后进行成果展示。学生可运用多种形式，如问题解决方案、短时演讲、作品展览、辩论会等来汇报展示本组的学习成果。一般由一人主讲，其他组员可随机发表不同见解或修正补充。事实证明，这种方式能极大地调动学生的学习热情，激励学生的创造性思维，让学生享受成功的快感，满足学生张扬个性和自我表现的欲望。

（4）反馈评价

等学生的"头脑风暴"渐趋尾声之际，教师上台做关键的点拨评价。首先对学生进行激励鼓舞性的评价，肯定他们大胆新颖的见解，让学生获得成功的体验；然后对疑难问题做关键性的点拨，达到"不愤不启，不悱不发"的效果；最后以举手表决的方式评选出本次探究活动的优胜小组，并将该组的汇报过程视频上传至网络平台，作为优秀教学资源，供师生后续观摩学习。

第三节　高中区域地理教学的有效途径

一、高中区域地理教学的区域综合分析法

人教版高中区域地理教学的基础目标是通过对《地理・必修 3》的学习以及对初中区域地理的复习，让学生掌握一定的区域地理基础知识，即区域的地理特征。区域特征是指某特定区域内各种自然地理要素（位置、地形、气候、水文、土壤、植被及自然资源等）和人文地理要素（人口、工业、农业、城市、交通等）相互联系、相互制约、相互作

用形成的综合地理特征。在一定空间范围内，由于所处的位置、所具备的条件、影响的因素有别于其他地区，所以形成该地区独有的特征。区域综合分析法是区域地理教学中的一种重要方法，它是通过全面、系统的分析，从整体上来认识某区域的特征。

（一）区域综合分析法的教学思路

对某一区域地理环境特征的综合分析主要从区域地理位置、自然地理环境和人文地理环境三大方面考虑。

1. 区域地理位置的分析思路

（1）绝对位置

主要是对某地区经纬度位置的分析判断，也就是根据一个地理事物的经纬度来确定该地理事物的区域位置和区域范围，如某地位于10°S～40°S、120°E～150°E，即可判断该地是澳大利亚。

（2）相对位置

①海陆位置：主要包括大陆内部、大陆西岸、大陆东岸和被海洋包围的岛屿四种情况。具体来说，是从所在或相邻的岛屿、半岛、大陆东西岸、大陆内部、大洋东西岸等分析和判断区域的位置，如某大陆的西面为太平洋，东面为大西洋，且位于南半球，则可确定该大陆为南美大陆。

②山河位置：从山脉分布、走向，河流水系形状、流向等方面进行分析和判断区域的位置，如某地位于太行山的西侧、某河流的凸岸。

③政治地理位置：根据国家或区域轮廓，或者邻国、邻省轮廓等分析和判断区域的位置。

④交通地理位置：从交通运输的主要方式及交通网中线、点的分布等方面分析和判断区域的位置。

2. 区域自然地理环境的分析思路

一个地区特定的地理位置使之形成特定的水热组合，即气候特征。气候影响所在地区的水文、生物、土壤等，这些要素构成了区域自然环境特征。常见的自然地理要素分析可从以下几方面进行。

（1）地形特征

地形特征主要从地形类型、海拔、地表起伏状况、地形分布、地势高低等方面来描述。地势特征主要从地表起伏变化的趋势来描述，常用的描述语言有两种：一是某方向高，相反方向低；二是从一个方向向另一个方向倾斜。

（2）气候特征

气候特征主要从气候类型、气候要素的分布等方面进行分析。

①气候类型：主要从经纬度位置和海陆位置等方面进行分析。

②气候要素的分布：主要是气温和降水的分布。一般包括两种情况：一是大区域气候要素的分布，即气候特征；二是局部地区气候要素的分布，这种情况要根据自然地理环境特征来分析，如迎风坡降水多，背风坡降水少。

（3）河流特征

河流特征主要从河流的水系特征、水文特征及水资源的开发利用等方面进行分析。

①水系特征：主要指河流的流程、流向、水系归属、河道特征（河谷宽窄、河床深浅、河流弯曲状况）、河网密度（支流多少、河湖关系）、流域面积（面积大小、水系排列形式）等。

②水文特征：主要指河流的流量、水位（汛期、枯水期、断流、干涸）、含沙量、结冰情况（有无结冰期、结冰期长短、有无凌汛）等。

③水资源的开发利用：在河流中上游地势起伏大、河流流量大、落差大、水流急的地区，主要开发水能资源；在河流中下游地势平坦、水流平缓、河道宽阔、流量稳定的地区，主要开发内河航运。

3．区域人文地理环境的分析思路

人类从自然环境中开发和利用资源与能源，发展农业生产、工业生产、城市建设、交通运输、商业贸易等活动，从而构成区域人文地理环境特征。常见的人文地理要素分析可从以下几个方面进行。

（1）农业

农业主要从区位条件、耕作制度或熟制（热量影响）、作物种类（热量和水分影响）、耕地类型（水分影响）、地域结构类型等方面分析。

（2）工业

工业主要从工业部门、工业分布、区位条件（如原料产地、工厂和市场三者之间的关系，技术和交通条件及布局要求）等方面分析。

（3）城市

城市主要从城市化水平、城市布局、城市区位因素、城市环境问题等方面分析。

（4）交通

交通主要从交通运输线和交通枢纽、交通运输网的密度、影响交通运输布局的主要区位因素等方面分析。

（5）环境问题

环境问题主要从环境污染和生态破坏两方面进行综合分析。

①环境污染主要包括大气污染、水污染、土壤污染、固体废弃物污染、噪声污染、放射性污染和海洋污染等。

②生态破坏主要包括资源（土地、生物、水、矿产）破坏与浪费、环境恶化（沙漠化、水土流失、生态平衡破坏）两大方面。目前，主要的环境问题应从其现状、成因、危害及解决办法等方面进行分析。

值得注意的是，上述内容只是区域特征分析的一般思路，并不是每个区域特征的分析都要考虑上述所有因素，而是要根据区域的具体情况进行具体分析。

概而言之，综合方法的实质是从矛盾的相互联结上把握事物的总体。综合不是将分析的各个抽象规定简单地、任意地凑在一起，而是从事物的主要矛盾出发，逐步综合由主要矛盾所规定的其他矛盾，从而进一步达到对复杂矛盾总体的认识，即达到对事物的具体多样性及其统一性的认识。综合的过程是和具体事物内部主要矛盾的发展与展开的客观过程相一致的。

分析方法与综合方法是相互联系、相互渗透的。当分析某一地理事物或现象时，必然要揭示构成这一事物或现象各要素之间的联系，这正是进行综合的过程，这种分析叫做综合分析，而综合方法必须在对各要素进行分析的基础上运用。

（二）区域综合分析法的教学策略

1. 进行有效整合，发挥“载体”作用

区域地理是认识区域自然环境、人文环境及人地关系的学科，既与自然地理、人文地理和地理技术的前提知识紧密相关，也是将自然地理、人文地理和地理技术联合并用，进行地理综合研究的阵地。

许多自然地理和人文地理的案例都离不开区域地理的具体地理事物或地理现象，这些地理事象的分布、特征、成因、变化等都是自然地理或人文地理的最好“注解”或“说明”，而系统地理的原理、规律、结构、联系等又需要到区域地理中去落实、验证。因此，区域地理的内容是复习地理知识的基础，图像判读技能的训练、基本概念的理解、地理要素间的联系、地理事物的分布、空间概念的建立、地理基本观点的建立等都应在区域地理学习中完成。

2. 抓住主导因素，突出区域特征

按照矛盾的观点，任何事物的诸矛盾中都有起决定因素的主要矛盾，抓住了这个主要矛盾，其他矛盾也就迎刃而解了。地理学主张综合分析问题，将地理环境看成一个相互联系、相互作用的整体，任何一个地理事物都是在其他因素的作用下形成的，一个因素的变化必然会引起其他因素的变化。

在运用这一原理进行区域分析时，首先要注意从众多的因素中找出主要因素，并逐项分析其影响与作用程度，揭示其因果关系。一般情况下要按照各地理要素间的逻辑关系，在区域的各个特征中找出最具本质（其他特征是由此而引发）的和最具特色（区别于其他地区）的主要区

域特征，并以此找出主导因素。

3. 构建知识联系，形成知识体系

明确了区域的主导因素和区域特征后，就要利用发散思维导图按照区域地理的综合性，找出自然地理环境各要素间、经济地理各生产部门间以及自然条件和人类活动之间的内在联系，形成一个个相关的知识系列。

二、高中区域地理教学的区域比较法

比较法是将各种类型的知识进行对比的方法，有助于学生更好地了解和掌握事物的共同属性和个别特征。高中区域地理教学中区域差异比较的思路与方法是从环境要素的因果关系入手，如位置—气候—植被、土壤—人类生产活动的差异（农业：耕作制度、地域类型），把不同区域的地理要素进行对比，在比较中认识形成差异的原因和应采取的对策。这也是高中区域地理教学的核心目标之一。

（一）区域地理教学中比较法的作用

不同的地区，由于所处的地理位置不同，自然条件和人类活动的方式也不同，表现出的区域地理特征也就有很大的差异。在区域地理教学中，当学过几个区域之后，教师应该有意识地将各区域的地理特征进行对比，或者在分析一个地区的某个特征时将其与其他区域的条件进行对比，使学生能加深理解区域地理特征形成和出现的原因，了解出现区域差异的原因，并能根据一定的地理事实材料和分析方法学习新的区域地理特征。

掌握区域地理特征，主要是掌握区域内的自然环境各大要素及其影响下的社会经济特征，各个区域都大致从这些方面来表述。因此，对比分析学习法的优势就体现出来了。例如，在讲“撒哈拉以南的非洲热带草原气候”这一内容时，教师可引导学生分别从分布地区、形成原因、气候特征等几个方面与亚洲的热带季风气候相比较，通过对比，归纳出这两种类型气候的共同特点和不同之处。

（二）区域地理教学中比较法的运用

比较法的种类可以有很多，但不外乎“比同”和“比异”。“比同”能使学生更深刻地认识和理解区域地理特征的一致性，“比异”则能使学生理解区域地理的差异性。区域地理教学中涉及的地理事物和现象复杂多样，因此在课堂教学中，比较法的运用也是多种多样的，使用较多的主要有以下几种。

1. 强化概念，区别混淆

区域地理课本中有许多极易混淆的基本知识、名词概念、规律及原理等。对于这种情况，教师通过运用比较法，可以帮助学生获得正确的认识，增强学习的积极性。例如，水资源与水能资源，一字之差，含义不同。水资源的丰富与否是从水量多少来看，而水能资源的丰富与否不仅看水量多少，还要考虑地势落差。地区水资源丰富，并不代表此地水能资源也同样丰富。可见，通过比较，可以清楚地区别易混淆的地理概念，强化学生的记忆。

2. 相同事物，突出内在差异

在世界区域中，各地自然地理特征和人文地理特征有很多相同的地方，但由于内在的一些因素影响，有时它们之间存在一定的差异，这就需要我们运用对比法，区分它们之间的差异。例如，印度半岛与中南半岛都属于热带季风气候，而中南半岛的雨季（6～10 月）却比印度半岛的雨季（6～9 月）长了一个月。原因是印度半岛只受来自印度洋西南季风的影响，而中南半岛还要受来自太平洋东南季风的影响。太平洋是世界上最大的洋，亚欧大陆是世界上最大的陆地，东南季风的影响时间特别是对低纬度地区的影响时间比西南季风的影响时间要长。10 月时，西南季风虽然不能给中南半岛带来水汽，但东南季风却能从太平洋带来大量水汽，也就是说，10 月雨带因副热带高气压带的移动退出大陆后，南撤到了中南半岛，因而 10 月时中南半岛的雨季并不会结束。可见，通过对比，可以使学生透彻地分析出同一种地理事物之间的差异，从而加强学生对知识的理解与掌握。

3. 相似事物，找出异同点

例如，对于“西亚与北非”和“中亚”两节课的教学。我们知道这两个区域中都存在着较大面积的荒漠景观。但经过对比，可发现二者有着本质的区别：气候特点上，两个区域降水均稀少，中亚冬冷夏热，西亚和北非终年炎热，这主要是两个区域位置的差异导致的。中亚深居内陆，距海远，海洋上的湿润水汽难以深入，因而降水稀少，又因地处中纬地区，所以以温带草原和温带沙漠景观为主；而西亚和北非，因地处中、低纬度地区的北回归线两侧大陆西岸，主要受副热带高气压的控制，降水稀少，多为热带沙漠景观，形成了世界上最大的沙漠——撒哈拉沙漠。这样，通过对比，我们不但分清了二者的性质，也区别了二者不同的“本质”。

4. 不同事物，找出内在联系

例如，将地中海气候和亚热带（湿润）季风气候进行比较，便可使学生明白二者虽然都处在亚热带，但因海陆位置不同，前者由于西风带和副热带高气压带冬夏交替控制，形成冬雨型特征；而后者由于海陆热力性质差异的因素，形成夏雨型的特征。如此一来，学生就能知道地中海式气候分布在亚热带大陆西岸，而后者分布在同纬度大陆东岸，二者的内在联系和特点就清晰明了了。

5. 综合比较，形成网络

综合比较是把不同地区或不同国家的地理综合体的各个要素进行全面比较，以找出它们之间的不同点。通过对比，学生能够对不同地区的各个地理要素、各个生产部门有一个整体的、完整的概念，对知识有一个比较完整的把握，形成一个小的知识网络。这是一种对要素比较多、比较复杂的区域地理知识进行对比的方法。

第七章　高中地理实践教学模式体系构建

第一节　PBL 模式在高中地理教学中的应用

一、PBL 模式概述

(一) PBL 模式的含义

PBL 是 Problem-Based Learning 的简称，中文一般译为“基于问题的学习”或“问题本位学习”。有关 PBL 的含义，不同的学者有不同的看法，目前仍存在很多分歧。有人认为 PBL 可以是一种教学策略，一种以问题驱动的学习环境，一门课程，也是一个过程；也可以是指通过真实或接近真实情境或案例的学习，让学生参与学习课程的一种方法。由此可见，对于什么是 PBL，到目前为止没有统一的认识。但从内容、学习过程的控制特征方面来看具有一定的共性，概括看来 PBL 模式是把学习置于复杂的、有意义的、真实的问题情境中，通过让学生合作解决真实的问题来学习隐含于问题背后的科学知识，形成解决问题的技能，并发展自主学习能力的一种新的教学模式。这种教学模式让学生在特定背景下通过协作学习解决问题，有利于学生学习兴趣的激发，强调地理学习动机，并且有助于知识情境化，让学生学会学习，学会解决问题，做到自主学习、合作学习、终身学习。

(二) PBL模式的基本要素

PBL 模式的基本要素可以简单地概括为三个：问题情境、学生和教师。课程围绕问题情境组织、展开，学生是致力于解决问题的人，而教师扮演的是学生解决问题时的工作伙伴和学生解决问题过程中的指导者。高中地理与生活、地理的发展息息相关，较多素材都可用于创设具有一定意义的问题情境。

（三）PBL 模式的特征与优势

基于问题的学习是让学生在真实的问题情境中学习，把所学的知识、技能与生产生活实践相联系，围绕着解决一些具有劣构性、真实性的问题而进行的一种有针对性和实践性的学习，能够平衡学生的需求、课程和特定学习情境的学习标准间的关系，有独特、优良的教学价值。

（四）PBL 模式与传统教学模式的比较

PBL 的教学综合了发现学习、协作学习、自主学习以及范例学习等多种学习方式的特点，与传统的教学模式相比，在教师、学生、教学策略、媒体、评价方式、学习环境等教学要素方面都发生了深刻的变化。

二、PBL 模式的理论依据

（一）发现学习理论

发现学习中教师和学生的角色有了很大的改变，发现学习强调教师不是知识的陈述者和解释者，而应成为学生的助手和问题的提出者，帮助学生理解学科的思想和结构。学生应该是一个“思考者”“发现者”，能在教师的启发引导下，利用教师或教材提供的材料亲自去发现问题的结论、规律，了解学科知识的结构。

发现学习是一种情境性的探究学习，具有以下几个特点：

第一，发现学习就是引导学生发现自己想法的过程，运用自己的思维去学习。

第二，学生自主建构知识，使知识成为自己的知识，教师应帮助学生把新知识同已有的知识结构建立联系，利用已有知识结构去建构新知识、发现新事物。

第三，自我激励式的学习，注重学生的内在动机，唤起学生主动建构的热情。

第四，采用共同建构的假设式教学，教师和学生相互合作、交流，学生积极地参与各种活动，在师生、生生合作中主动建构知识。

从发现学习的内涵、特点可以看出，发现学习与 PBL 具有很强的联系，二者都强调学生积极主动参与建构自我的知识结构，要求教师不仅仅是简单地传授知识，而应该给学生提出问题，同时指导学生运用发现学习法，让学生自己获得对问题的解决策略、解决过程的理解，发现学习理论对有效地落实教学具有关键的理论和现实的指导意义。

（二）创新教育理论

创新教育是以培养人的创新意识、创新精神和创新能力为根本目的的实践教育，在学生综合能力的培养中强调创新素质的重要性。问题是知识向创新转化的中介，是创造的必要非充分条件，没有问题就没有创新。要保护和发展学生的创新性，首先要强调学生问题意识的培养。可以将创新教育看作以培养学生问题意识为起点的“问题教育”，始终围绕着问题展开，主要强调发现问题、提出问题、分析问题、解决问题的过程。培养创新型人才需要创新型课堂教学，如此才有可能把人的创造力最大限度地开发出来。一般来说，创新型课堂的教学有以下几个显著特征：

第一，课堂教学的前提为创新教育思想，并在创新教育观念的指导下，改变以“课堂、课本、教师”为中心的传统教学观。

第二，以创新为目的，摆正继承与创新的关系，体现创造性。

第三，以学生为中心，体现主体性，为学生提供充分参与教学活动的机会，让学生成为课堂的主人，教师不再是教学的“主导者”。

第四，以问题为中介，体现创新思维，让课堂教学始于问题，归于问题，让问题成为贯穿课堂教学过程的主线。

第五，以开放为特征，体现生命力，主要表现在教材和教学过程的开放，打开学生的思维。

(三) 实用主义教育理论

第一，以儿童为中心。重视儿童的主体地位，强调儿童自身所具有的能力和主动精神，主张要细心地观察儿童的兴趣，反对传统教育忽视儿童的兴趣、需要的做法，认为教育应以儿童为起点，教师扮演的是“合作者、帮助者和引导者”的角色。

第二，以社会为中心。将社会、生活、科学相关联的信息作为教材内容，创设一个社会性的开放结构作为课程结构。

第三，以活动为中心。所有教学应以活动为中心，含情境、问题、假设、推理、验证要素，应唤起学生的求知欲与兴趣，促进他们的学习，培养学生各方面能力。教育是一种社会过程，而学校是社会生活的一种形式。

(四) 建构主义学习理论

建构主义是认知学习理论的新发展，被视为对传统学习理论的一场革命，对当前的教学改革产生了十分深刻的影响。建构主义主张以学生为中心，重视学习的主动性、社会性和情境性，强调教师与学生间的交流协作。在知识观上，强调知识的动态性以及情境性教学，主张知识的吸收应结合学生的个人经验背景，自主建构。反对简单地把知识当作固定的东西灌输给学生，这样导致的结果是学生仅仅是教条式地掌握。

在学生观上，建构主义强调学生经验世界的丰富性和差异性，认为学生在过往生活、学习的经历上已形成了丰富的经验，因此他们在学习新知识时，对一些现象、问题几乎都有了自己的一些看法。而有些问题即使他们尚未接触过，无现成的经验，但面对问题的时候，他们往往能够在以往相关经验的基础上形成对问题的某种合理的解释或推理。同时，在经验背景差异性的影响下，学生对同一问题会产生多种不同的看法，当他们共处于一个学习小组中时，相互间的交流沟通能促使他们多角度地理解、分析问题。所以，教师应该重视学生已有经验的丰富性和差异性，并以此作为新知识的拓展点，引导学生从已有的知识经验出发，不断提升自我。

在学习观上，建构主义强调学习的主动建构性、社会互动性和情境性。认为学习是学生主动建构知识的过程，而不是教师对知识的简单传授，教师的作用只是促进学习者自己建构知识而已。建构主义认为学习是通过对某种文化的参与内化为相关知识和技能的过程，这一过程通常需要一个学习共同体的合作互动来完成，学习共同体的交流、互动和协作对于知识建构具有重要的意义。同时强调学习、知识和经验的情境性，情境认知认为知识是不可以脱离活动情境而抽象的存在，应该与情境化的社会实践活动结合起来。

三、高中地理教学中应用PBL模式的优点及原则

（一）高中地理教学中应用PBL模式的优点

1. PBL教学体现高中地理教学目标

PBL教学强调以学习者为中心，通过创设开放性的学习环境，让学生充分参与地理教学活动，不仅能激发学生的学习兴趣，也有利于学生的个性发展。解决问题过程中的相互协作、自主思考，有助于培养学生的情感态度价值观，促进综合能力的培养。PBL教学以问题作为学生学习的驱动力，围绕问题这个中心，教师创设和谐、民主的教学环境，提供更多的、有意义的、适用性强的相关教学资源，使学生参与到有意义的学习中来，有利于提高学生的科学素养。

2. PBL教学体现高中地理内容的特点

高中地理内容涉及很多概念、原理、规律等，往往因其高度的概括性、抽象性，使学生感到枯燥乏味、晦涩难懂，从而难以入手，影响学习的情绪。因此，教师可把学生所要学习的知识与他们周围的现实生活联系起来，从中发现问题，最后确定需要解决的问题。为使教材更加生动活泼，新课程改革后在高中教材中设置了大量的探究课题，强调改变传统教学中学生被动接受知识的状态，鼓励学生主动地探究学习。所以，可以以问题为突破口，以学生为主体，让学生收集资料，设计相关的探究实验，有利于知识的迁移、运用，为真正改变教材与实际生活的

脱节提供可实现的具体途径。

3. PBL教学符合高中生的学习特点

在高中阶段，学生的认知结构发展基本完整，认知能力不断完善，思维能力更加成熟，能脱离外部表现的束缚，通过现象揭露对象的本质特征；能多角度且全面地分析问题，明辨主要问题与次要问题，能考虑到各种不同情况，做到具体问题具体分析。

在高中阶段，学生的抽象思维、逻辑思维、辩证思维快速发展，其能力大幅度提高，思维更具目的性、方向性，思维过程更加灵活；能用多种法则、公式、原理去解决新问题，能运用理论假设进行思维，遵循提出假设、设计实验、验证假设的一般过程解决问题。

高中生生活经验丰富，生活常识与科学知识逐渐累积，能更深刻地了解事物之间的内在联系，思维具有更强的预见性，迁移运用能力增强，能产生更多不同的想法。同时，高中生能够有意识地进行自我反省、自我控制，促进了思维的正确性、高效性。

高中阶段学生思维、认知的特点，自我意识的发展以及丰富的生活经验，都表明PBL学习对高中生来说具有很大的应用空间。

（二）PBL模式在高中地理教学中应用的基本原则

1. 主体性原则

PBL模式强调在地理教学中要充分重视学生的主体地位，从问题的发现到问题的解决这一过程中都要求学生主动参与。学生是问题的解决者和意义建构者，教师只是扮演问题解决过程中引导者和协助者的角色，提供学习材料，引导学生学习，监控整个学习过程，使地理教学顺利地进行。要提倡师生间、生生间的交流与合作，充分发挥班集体促进学生主体性发展的作用。

2. 全面发展性原则

PBL模式强调在地理教学中要促进学生的全面发展。PBL模式在应用时要充分重视从学的角度思考教学问题，关注学生主体性、创造性、自主性的全面协调发展，让学生在获取知识与技能的同时，思维、能力、情感都得到培养，在教学中实现学生自身的全面发展。

3. 情境建构性原则

PBL 模式强调在地理教学中要遵循情境建构性原则。PBL 是基于真实问题情境的学习，让学生在有意义的、复杂的、真实的情境下学习，同时为他们提供相关的材料，学习过程中给予及时的指导。问题是学习的开端，所以问题情境的构建对教学的顺利进行及教学的有效性起着决定性作用。地理是一门综合性很强的基础学科，并且与社会生活、生产息息相关，教师应以地理内容及其特点为基础，以生活生产实践为背景，创设真实的问题情境，使知识问题化、问题情境化，学生由疑惑而提出问题，产生求知欲，进而解决问题，深入理解教材。在问题情境的互动教学中，每个学生在原有的知识经验的基础上不断地将知识与技能、过程与方法、情感态度与价值观整合在一起进行自主建构，从而实现学生各方面素质的协调发展。

4. 预设性与生成性相融合的原则

地理教学中运用 PBL 模式，更加注重学生的主体地位，强调师生间、生生间的交流与协作。当教学过程中有偶发的事件时，教师应把握课堂教学中闪动的亮点，根据实际情况进行灵活、积极的引导，推动教学的动态生成。所以，想要有效地进行高中地理教学，就必须做到预设与生成的有机融合并且及时反思，使二者相辅相成。

第二节　高中地理“开放式”课堂教学模式

一、高中地理开放式课堂教学的内涵

（一）地理开放式课堂教学的内涵界定

开放式教学是与封闭式教学相对的，而“问题”又是地理的核心，以开放性问题来引导开放式课堂教学是地理学科的基本特色。因此，地理开放式课堂教学是指在地理课堂教学中，以“开放性问题”为教学内

容，以开放性思维为培养目标，以开放性活动为培养方式的一种课堂教学形式。

其开放性包括教学目标、教学内容、教学过程、教学方法、师生关系、教学环境、学业评价及地理开放式教学是一种教学理念、一种教学文化、一种教学形式、一种教学艺术，它具有民主性、动态性、创造性、合作性的特点。高中地理开放式课堂教学模式有两层含义：一方面是指课堂教学要为学生创设一个有利于群体交流的开放的活动环境；另一方面是让地理学习活动成为一个生动活泼而富有个性的过程，给学生创新思维提供更广阔的天地，得到更充分的发展。

（二）地理开放式课堂教学的内涵释义及要素分析

开放式教学应有三个基本特征：第一，学生与地理活动融为一体；第二，学生的活动是开放的；第三，问题本身是开放的。因此，开放性地理教学是在开放的人文环境中创设有利于学生探究学习、合作交流的开放性问题情境。在开放性问题解决过程中，学生在已有的认知基础上通过有效的教学方式，使不同水平的学生在不同的层次上得到相应的发展，获得不同的学习和情感体验。开放式教学的内涵具体包括以下几个方面。

1. 教学目标开放

由于学生地理学习能力和水平的差异，教学目标不能追求完全的统一，其理论内涵是人本主义心理学的教学观念。其开放性体现在两个方面：第一，群体的开放性。整体的三维目标设计本身就应该具有一定的开放性，也就是说教学目标整体应该是动态的，是可以在教学中适度调控的，如果在教学中学生无法达到，那么教学目标可以随之降低，反之亦然。另外，教学目标还要具有一定的延伸性、发展性，可以促进学生课后反思，为其后续发展预留空间；第二，个体的开放性。按照我国现在的实际教学情况，还不能为每一个学生设计一个教案，设定一个个性化的教学目标。但是在教学目标设计时要考虑不同水平学生的学习要求，因此教学目标设定要有层次性。无论对于哪一层次的学生，为他们设立的目标都应在他们的最近发展区内，实现每一位学生的个体性发展。

2. 教学内容开放

虽然教学内容的基础是课本，其体系和元素是相对固定的。但是教学呈现内容的方式是开放的，呈现的角度是开放的，知识元素可扩展的外延是开放的，这是后现代主义的课程观和建构主义的表达。首先，从宏观设计的角度，地理教学的内容既要强调终身学习必备的基础知识和基本技能的掌握，也要加强课程内容与学生生活以及现代社会科技发展的联系。其次，从课堂教学的角度，教学要根据学生掌握知识和能力发展的情况，对教学内容进行适当的伸缩，还要体现一定的自主性和开放性。

3. 教学过程开放

教学的发生发展总是在动态因子的组合中进行的，因此教学过程应当是开放的，其体现了后现代主义的教学观。教师进行教学时为激励学生主动参与教学活动，将时间和空间更多地让给学生，鼓励他们动手实验去探求事物的本质。在活动的过程中，师生互动、生生互动，使不同层次的学生都参与其中，并不是为了追求外在的开放、形式的开放，而是“愉快学习”和“积极参与”的体现。

4. 教学方法开放

教学方法的运用和研究必将是开放的，只要能激发学生的主动性，任何方法都是值得尝试的，这是地理教育哲学的思辨。各种教学方法之间应是相互开放的，要求教师灵活运用各种教学方法和教学手段对课堂教学进行动态调控。

另外，教学中适当运用计算机模拟与地理实验相结合，促进学生对地理现象与本质的探究。大多数学生对于信息技术的引入和地理实验很感兴趣，希望多开展这样的教学方式；学生发挥学习中的自主性、主动性和创造性，学习的方式也是开放的，可将小组学习或个别参与等多种方式有机结合，教师负责做好宏观调控和微观协调的工作。

5. 师生关系开放

开放式教学需要建立民主、和谐、平等的师生关系，其核心是后现代主义的主体论。这种开放的关系既强调教师在教学过程中的主导地位，又要求尊重学生在教学活动中的主体地位。教师与学生一起活动探索，分享经验与成果，引导学生、信任学生，让学生真正成为课堂的主人，既要通过课堂教学来推动学生智力发展，又要通过学生的发展来促进教师课堂教学。教师不再“一言堂”，学生敢于发言、创新。

6. 教学环境开放

教学环境开放包括教学时间和教学地点的开放、学生心理环境的开放。由于班级授课受课堂时间的限制，往往不能透彻地完成某些教学内容的探索过程，地理课本身具有实践性强的特点，我们应将教学时间和学习环境进行适当的开放，带领学生走进大自然。除了教学过程的开放，还可以进行开放课前和课后。学生课前预习、课后及时巩固，教师可以布置有开放性的题目，让学生有选择性地、有目的性地学习。

7. 教学评价开放

对于教学评价，应从学生的课上学习情况、课后作业情况、师生互动和生生互动情况、学习的投入情况等方面进行评价，这样才能体现教学评价的开放性。

二、高中地理开放式课堂教学模式

(一) 高中地理开放式课堂教学模式的建构原则

根据新课程改革对高中地理开放式课堂教学提出的新要求，结合地理开放式教学的理论基础和基本内涵，高中地理课堂开展开放式教学需要遵循以下六个原则。

1. 开放性原则

这是开放式教学最直接、最本质的原则。这种开放是全面的开放，从思想到行动，从课上到课后，从教学到评价，努力形成一种开放、弹性、多元的动态体系。教学目标应是弹性的，教学过程应是动态的，教学内容应是开放的，教学方法应是多元组合的，教学结果应是多样的，学生发展应是多种取向、多种可能和多种机会的，教学评价应是多维的。

2. 主体性原则

开放式教学的核心是促进教师和学生的双向发展，使其能够准确定位和执行自身角色功能。一方面教师在主导地位上营造开放性环境，实现学生主体性，促进每个学生的发展。另一方面，学生在开放环境下思维被激发、扩展，可以有效刺激教师自身的教学反思，为教师提供更生动的教学案例、更丰富的教学经验、更广阔的教学触角、更多元的教学思维。

3. 过程性原则

过程性原则就是在教学过程中师生共同参与，充分体现地理思维过程的一个原则。教师要努力引导学生多思考、多探索，让学生学会发现问题、提出问题、分析问题、解决问题以及亲身参与问题的真实活动之中。在引导学生参与的活动中，学生通过动口、动手、动脑亲自体验过程。实践证明，这种参与方式对学生认知的发展将会产生深远的影响，从而促进学生思维品质的提升。

4. 探究性原则

在开放的条件下，学生独立思考的能力提高了，适合全体学生知识水平和学生认知结构特点的探索性问题出现了，有了善于为学生创设问题情境、解决问题的方法，激发了学生的情感，激励了学生表达自己的认知、见解和想法，突出了对学生发现问题、解决问题能力的培养。

5. 合作性原则

开放式教学的目的并不是强调学生个体片面的发展，而是强调群体发展中的个体突破。课堂教学只有发挥集体的作用，才能在合作当中构建真正平等的氛围，也才能提供真正开放的环境，而合作能力本身就是开放式教学培养的核心目标及核心方法之一。

（二）高中地理开放式课堂教学模式的基本环节解析

1. 确定开放目标，创设问题情境

问题情境是一种内心状态，当学生感知到的学习内容与其原有认识水平之间有冲突时对疑问急需解决的内心活动。从定义上分析，它具有三要素：未知的事物（目的）、思维动机（如何达到）、学生的能力水平（觉察到问题）。心理学研究表明，个体都具有弥补知识空缺、解决认知失调的本能性反应。学生具有了学习新知识的渴望，就能促进其学习中的各种活动。所创设的情境必须是学生现有能力有可能达到的，这样才可能引发有效的思维和成为探索开端。问题情境的有效设置能够引起学生认知的失调，为有效的课堂探究提供保障。教师在教学活动中，要有效地、有意识地创设问题情境，激起学生探究事物的愿望，引导他们体验解决问题的快乐，以此培养学生的创造性思维。问题情境具有强烈的吸引力，能激发学生对学习的渴望，使学生自我效能感提高，促进学生养成自主想象的思维习惯。情境创设的依据是教学目标，而有效的情境创设有利于激发学生的问题意识。新课程三维目标体系为开放式教学目标，教学目标的设定也直接影响教学内容的选择和问题情境的创设。

（1）知识性目标及情境创设原则

知识情境设置注意“适中性原则”，虽然地理课堂教学的具体内容是有规定的，但是对于学生而言都是新的知识，所以学生内部的认知动机都是一样的，对于获取新知识都能起到正向推动作用。因此，教师在挖掘知识内涵的时候应当注意到学生现有知识结构认知水平的状况，合理选题。知识点“引发性”要好意味着并不是一个难度适中的知识就能引发学生良好的问题意识，开放式教学的目的并不仅仅局限于思维训练，还取决于实践能力、情感体验等诸多要素。

知识情境设置注意“多维性原则”，知识本身是一维性的，也就是只能体现其自身的信息性。如果开放式教学中教师只注重知识本身，那么教学过程就只能是知识的传递过程，教学的教育效能就大大降低了。所以，在进行教学设计时选择知识情境就必须注意到教学其他各方面的

要求，在知识情境的设置中就应当加入行为、过程、情感等若干因素，从而丰富教育情境的活动因子，增强教育的有效性。

（2）行为性教学目标及情境创设原则

开放式教学中行为的因素被大大强化，充分鼓励学生在课堂上就开放题展开广泛的交流，所以行为能力的培养不再是教育的影响因素，而成为教育必须实现的教育目标。学生只有通过交流活动才能有效地将所学的知识转化成能力，知识建构才能更有效地完成。

知识体系有其建构性，行为能力依然有其建构性，实践能力的养成也是一个螺旋式上升的过程，是在一定行为能力的基础上继续建构的。因此，教师在教学中不但要强调逻辑分析等能力的培养，也要强调行为能力的建构，使学生养成的行为能力不是孤立的单个技能，而是有效的行为整体，这样的能力才是有意义的。

（3）情感性教学目标及情境创设原则

在教学目标中考虑意识情感的因素，就是通过现代化的教学理念与教学技术的有机整合，实现既教书又育人的教育目的。情感教育的实现可以将知识能力升华为一种精神动力，反向激发学生更有效地学习知识和技能。

通过对知识的探究和行为过程的实践，让学生在这个过程中获得相应的情感体验，这是从学习的外部条件向内部动因转变的关键性过程。教育的目的不仅仅是让学生获得相应的知识技能，这种技能要发挥效力，必须使之转化成必要的能力，而要使这种效力发挥出良好的作用就必须使之以意识的形式固化，这样教育才真正起到了“教书育人”的作用，同时，也为学生的自身发展奠定了良好的基础，为教育向良性循环提供了准确的方向。

首先，注意过程体验中的自我养成。在情感教育内容实施过程中，教师应当力争让学生自主发现、自主总结、自主养成，而要保证学生的自主发现，教师就必须在教学方法的选择和实施上认真考虑。

其次，创设真实的体验情境。教师应当在教学设计中让学生在获得相应的地理学习情感体验的同时体会到具有这些品质的意义。所以，教师不但要为学生提供真实的情感养成情境，还要为学生提供相应的应用情境，促进其情感的内化。

最后，提供有效的言语指导。有效包括“促进性”和“实效性”两个层面的意思。所谓“促进性”就是指教师的指导是为了使学生更好地发展，所以教师应当考虑学生的自身情况，实现有效的换位思考，为学生的发展提供帮助。“实效性”就是指教师应当注重言语指导的时机，不是在所有时候都要提供指导，也不是说指导等同于讲授，“有效的指导不意味着让学生马上理解”。有效的言语指导的真正意义是“引导”与“激发”的作用，以使学生有效地完成探究过程，但应当注意“有效”不意味着“顺利”。

2. 设计开放问题，展开自主探索

(1) 开放性原则

该原则有利于扩展学生的思维空间，让学生模仿探索创新，能够培养学生的创新意识和能力。该原则要求开放性问题的设计应根据教材和学生基础知识的内容，注意避免主观主义的实际情况和追求人云亦云。

(2) 灵活性原则

该原则有利于学生的思维呈现活化状态，促进学生思维灵活性、敏捷性的形成。设计时形式要灵活多样、生动活泼、不拘一格。

(3) 层次性原则

该原则将帮助学生进行更深入的思考，运用所学知识并不断地扩大使用知识，提高学生思维的深刻性。要求设计讲究梯度，应根据学生的认知规律及思维特点，由浅入深、螺旋式上升、层层开放。

(4) 实用性原则

该原则不仅有利于调动学生分析、研究、解决问题的兴趣，还有利于学生体会到知识的实用价值，体验到地理知识来源于生活，又服务于生活，从而促使学生自觉用地理眼光去观察、分析生活中的实际问题，提高解决实际问题的能力。要求设计应紧密联系生活实际，多设计一些

面向生活的开放性问题。

3. 合作交流讨论，建构新知结构

开放式教学不但要有开放的教育模式，还要培养开放性的个体，其中，培养学生交往的技能及分享、合作态度是一项重要内容。在分享中的彼此激励能帮助学生有效地看见自己与他人的差异，主动建构自己的知识体系。与个体单独活动及集体活动相比，合作交流对实现这方面的目标具有独特的作用。以开放式教学小组活动的形式展开积极的讨论，可以帮助学生提供更广阔多元的开放思路，整个的学习过程都可以在其中进行，从合作协商修正开放问题，到分工合作分析讨论问题，再到交流研讨广泛讨论不同思路想法得出结论，共同行动拓展实践意义，最后组内反思评价整合差异性。

4. 反馈调节巩固，强化运用变式

反馈是课堂教学的一个重要环节，是实现有效控制的主要手段。它是学生深化、巩固所学知识的一个过程，也是教师了解学生掌握知识、发展思维、强化能力的一个重要手段。其主要是通过课堂练习的形式，要达到开放性的原则，课堂练习应当采取分层次进行的原则，但是课堂教学时间有限，层次不能过多。此外，注意地理习题“变式”的应用，提供概念变式、原理变式，加强反馈练习的多元性，使学生能够对知识的学习更加灵活，对知识的掌握更加准确。

5. 多维深化拓展，评价作业反思

这一部分首先要求学生反思自己的思维过程，总结规律，提取方法。另外，可以通过开放式练习题的讨论实现多维拓展创新，还可以通过自编题来实现拓展、创新。自编题是学生在对知识、问题有较透彻的理解的基础上才能完成，它需要综合各方面的知识进行创造性的思考，它是使学生的主观能动性得以充分发挥的有效措施，也是丰富课堂内容的有效方法。

第三节　高中地理教学中“分层递进式导学案”的应用

一、分层递进式导学案概述

（一）分层递进式导学案概念的界定

分层递进式导学案是指教师在深入研究教材的基础上，在根据学生的智力因素和非智力因素的特点对其进行分层的前提下，为指导学生进行主动的知识建构，确保各层次学生都能得到最大限度发展而编制的有针对性、层次性的学习方案。分层递进式导学案强调的是分层、递进、导学三个方面。

分层是根据因材施教的原则，对学生进行划类分层，在编制教案时充分考虑学生的个体差异性，学案教学要体现分层教育、分层指导、分层练习、分层测试、分期达标、异步前进。分层的目的是促进全体学生都能得到最大限度的发展。

递进是为了确保教学与各层次学生知识水平的发展相适应。教师可以通过在导学案中创设符合教学内容要求的情境和提示新旧知识之间的联系，帮助学生建构当前所学知识的意义，引导学生达到可能发展的水平。

导学包含导和学两方面的内容。导是相对于教师而言，要求教师要立足于主导地位，利用导学案作为导航，引导学生在一系列预习、展示、复习和巩固过程中确立并使用恰当的学习目标和学习方法；学是相对于学生而言，根据教师设计的导学案，在课前对新课内容预先进行自主学习，然后带着未能解决的问题进入课堂，在教师的指导和点拨下解决问题，掌握教材内容，从而提高课堂学习效率。

（二）分层递进式导学案的功能

1. 最大限度地调动学生学习的积极性、主动性

兴趣是最好的老师，要让学生喜欢学习地理，关键在于调动学生学

习的积极性、主动性。分层递进式导学案强调的是以学生为主体，突出学生的主体意识，无论是教师还是教学内容、教学方式、教学方法都是为学生的学习服务的，目的是让学生主动参与学习。教师在编写分层递进式导学案的过程中以学生的个体差异和认知规律为出发点，根据学生的认知水平，对学习目标进行分层设置，设计不同层次的问题，并通过导学案给学生提供真实的、情境式的、有意义的学习任务，引导学生自主学习、自主探究，并在积极的探究过程中培养学生的思维能力，最大限度地调动学生学习的积极性、主动性。

2. 提高课堂教学效率

学生通过导学案进行课前预习，在对课程内容有所了解的基础上，带着问题进入课堂，有准备、有侧重地听课，而教师根据学生在自学过程中发现的问题，通过在课堂授课的过程中，根据授课内容与问题的相关性，有针对性地将问题带入教学内容当中，引导学生结合教学内容解决问题，从而保证了学生听课的质量和效率，也提高了课堂教学的效率。由于分层递进式导学案充分考虑了各层次学生的知识水平，在课堂上保证了每个学生都能积极参与教学活动，教师的主导性和学生的主体性之间互动增强，师生之间教与学的关系也变得更为融洽，对课堂教学起到了很好的促进作用。

3. 让每个学生都得到应有的发展

分层递进式导学案强调面向全体学生，根据学生的基础、需要和能力，按照最近发展区理论对学生进行归类分层，确定与各层次学生的实际情况相适应的教学目标，实施分层教学，确保教学与各层次学生的学习水平相适应，并不断地向更高层次的学习水平发展。通过分层递进式导学案教学，成绩好的学生在原有的基础上有了进一步的提高，成绩较落后的学生恢复了学习的自信心，学习更加积极主动。通过分层递进式导学案教学，不同层次的学生在原有水平上都得到逐步提高和发展，因此，分层递进式导学案具有“保尖、促中、补差”的作用。

二、高中地理分层递进式导学案的编写

分层递进式导学案的编写相当关键，它的质量直接影响了教师教的质量和学生学的效率。编写好的导学案，教师需要做好以下几方面的工作：第一，认真钻研教材，掌握地理知识的特点；第二，认真学习现代教育学和心理学；第三，深入研究学生的认知规律和心理变化；第四，认真分析学生的学习水平和潜在的发展能力，保证学生学有所得。

（一）高中地理分层递进式导学案的设计原则

分层递进式导学案是教师在教学活动过程中，根据学生的认知能力、现有的知识结构和相关的教学内容来编制的供教学及学生自主学习的教学方案。

分层递进式导学案编写的指导思想是：突出学生学习的主体性，引导学生自主学习，培养学生自学能力，提高学生学习的积极性，力求让每个学生都能得到相应的发展。

分层递进式导学案编写的宗旨是：以学生为本，让学生真正学会学习，保证每个学生都能得到应有的发展，并在原有基础上不断进步。

在导学案的设计过程中要立足于三个点：学生、分层、递进，遵循以下几个原则。

1. 学生为本的原则

在教学活动中，学生是活动的主人，是活动发展的主体，他们有各自的需求、兴趣、爱好和追求，在教学过程中，学生的主要活动是学习，教师基本上是起到服务的作用。教师的教学过程只是为学生的自主发展提供服务的外因，只有通过学生自己积极的认识活动才能起作用。

首先，地理导学案的设计应该遵循层次递进的原则，根据学生认知能力的区别去编制，因为只有了解了各个层次的学生在地理学习中想要学到什么和想要学到什么程度，他们才会有意识地去参与。其次，地理学案的设计应该注重学生的主体性。教师在编制导学案时，要把地理知识及其学习方法融为一体，使学生在学习地理的过程中学会如何运用方

法学习地理，而不是让教师手把手地传授知识，应让学生养成思考和探究的习惯，养成自主学习的习惯。

2. 学生分层原则

导学案的编制要注重因材施教的思想。学生个性多种多样，学习成绩也高低不齐，教学过程中无法做到全面照顾，但是一定要做到全体学生共同进步，素质全面提高。这就要求教师在编制导学案的时候，按照学生的层次来制定，达到各层次学生共同进步的效果。

3. 基础性的原则

导学案内容的设计必须让学生牢固掌握基础知识和基本技能，且应紧扣教学目标，符合学生的认知层次。在不同层次的学生群体中体现不同的设计内容，既不能过于简单，也不能过于深奥和复杂，更不能把学生的兴趣点引向偏、怪的方向。

总之，在导学案的设计上，教师应按照教学大纲和教材的要求，抓好基础知识和基本技能两个要点来进行编制，同时根据不同学生认知层次的不同进行深入研究并编制。

4. 递进性原则

递进性原则要求学生在最近发展区内自主探究，获取知识。学生在学习过程中，由于个体差异性导致在认知水平上存在或多或少的缺失和障碍，这就要求导学案在问题教学的设计上注意衔接性，跨度不能过大也不能过偏，应该注意思维的开阔性，并且能起到让学生就问题而提问题的作用，不能人为地制造学习上的困难。设计导学案时首先要考虑知识的层次与学生学习层次的适应性、问题与习题的衔接性；其次要从学生的认知规律和心理变化出发，巧妙地设置问题的情境，循序渐进地引导学生向未知领域探究，并提出新的学习要求和任务，让学生在探究新知识的过程中去解决新的问题，从而使学生的知识不断增长，学习水平不断升上新的台阶。

5. 趣味性原则

学生在自学过程中，会碰到各种各样的难以解决的问题，以至于对学习地理产生厌倦、逃避的心理。如果不能很好地解决这一问题，就无法使学生兴致盎然地去学习地理，这样导学案就难以发挥作用。地理是一门有趣的学科，应根据其趣味性，以图文并茂的形式进行设计，问题的设计应该接近学生的学习生活，把问题和生活联系起来，更能达到学以致用的功效，也能增加记忆效果。在问题的解决方法上，应该鼓励学生通过各种途径去获得解决方法，查阅相关资料或者通过小组讨论，答案可以是多种多样的，通过讨论或者提供检验结果的措施，让学生自行去寻找答案，这样可以激发学生对所学内容的兴趣。

6. 诱导性原则

现代教育重视对科学的探究活动，把科学探究作为获得新知识和扩大自己的认知层面，拓展世界观的一种方法，其主要是对学科提出问题，然后对问题进行深入研究和探讨的一种方法。学生的思维能力、积极主动性和创新能力正是在对问题的探究过程中培养出来的。因此，在设计导学案时，应该着重对问题的探究进行设计，以引导学生在自行的探究过程和积极的思维中进行思考和创新。所谓诱导性，就是鼓励学生独立思考、积极探索，鼓励学生大胆质疑并提出自己的见解。学生在独立思考和探索新知的过程中，个人的知识视野得到扩充，逐步形成自主学习的习惯，也逐步培养了自主探究的兴趣。

7. 创新原则

导学案教学应该具有一定的灵活创新性。设计导学案时，可以采用图文并茂、图标、问题等多种多样的形式，而不是一成不变的文字格式。针对不同的知识点，不同的教学内容，可以进行多样化的结合，进行多样化设计的目的是提高学生的自主思维能力。

除了要求在格式上有所创新，在内容上也应该具有创新性。内容上要求具有创新性是为了防止丰富多彩的教学实践被形式化。因此，教师在设计导学案时一定不要拘泥于课本，墨守成规，而应以课本的内容为基础，结合学生的实际情况，扩展思路，别出心裁地编写，使导学案里的问题和学习方法都具有创新性。这样，学生在使用导学案的过程中才能逐渐培养创造性的思维。

（二）高中地理分层递进式导学案的基本要素

现代教育的特点是发挥学生在学习过程中的主观能动性，使学生向做学习的主人的方向发展，构建学生与教师之间、学生与学生之间的学习互动氛围。导学案既是教师在教学过程中为学生提供的一种培养科学素养、训练和发展学习能力的方法，也是增加师生之间互动的有效方法。根据以学生为主、因材施教的教育思想，导学案要根据学生的知识结构、能力差异来制定，具体包括以下几个部分。

1. 学习目标

学习目标是学生学习的导向。导学案应该明确指出学生学习本课程的目标和重点、难点。同时，也要针对不同层次的学生，指明与其层次相适应的学习目标，让不同层次的学生在学习目标上有针对性地去安排学习，激发学生在学习过程中的主动参与性。

2. 学习内容

学习内容的设计要求把旧的知识和将要学习的新知识系统相结合，学生在温习旧知识的同时能够接触到新的知识，在知识的获取中起到承上启下的作用，以便教师在教学过程中尽可能地了解学生对知识点的掌握程度。根据学生群体学习水平的差异性，可以选择性地安排假设性问答题，以满足层次高的同学发挥他们的思维能力。

3. 方法指导

学习方法指导是导学案设计的重点，是学生学习知识的风向标。地理导学案不仅强调教师在教学过程中要如何教，更强调教师指导学生如何学习。这就要求教师在教学中熟练掌握知识要点，在传授知识时运用最佳的授课方法，通过导学案教学，引导学生掌握必要的学习方法，并鼓励学生分享各自创新的学习方法。在记忆地理知识的方法上可以采用这几种方法帮助学生掌握所学内容：口诀法、归类法、对比法、联想法、关键点法。

方法指导不单单是针对单个同学的指导。在教学过程中，教师应该鼓励学生与教师之间、学生与学生之间的互动合作，分享有效的学习方法，提高学习效率。

4. 习题和总结

习题是课堂学习成果的检验方式，同时也是能力转化的桥梁。经过课堂学习，学生所学的知识发生了由浅变深、由深变浅以及由难变易、由易变难的变化，这时的习题检验既能检验“听”的结果，也能检验“想”的结果，更能让学生在做习题的过程中学会如何梳理知识重点。习题的设计应该具有代表性、针对性、层次性，还应具有一定的难度，内容要小而巧，且衔接新知识的跨度不宜过大。教师可鼓励学生自行查阅资料，达到举一反三的效果。同时，针对不同层次的学生，教师应该有选择性地设计自由选做习题。通过做习题的方式来提高学生自主解决实际问题的能力，培养学生创造性思维的能力。

总结，是学生一项很重要的任务。它能体现学生学习的态度和方法，同时也是检验导学案教学成果的方法。在教学过程中，教师应该引导学生做好每堂课的课后总结。培养学生写总结的习惯，是学生学会知识要点的关键步骤，而培养学生善于总结是学生会学知识的体现。

第八章　高中地理实践教学中教师专业发展体系

第一节　教师成长发展的学校培养策略

一、加强职业道德的建设

德育是素质教育的灵魂。学校应始终坚持德育为先，坚持以德育人的优良传统，全方位、多层次地开展德育工作，营造和谐的育人氛围，把教书育人、管理育人、服务育人、环境育人落到实处。学校应努力创设一种人格平等、教学互动的教学环境，以德立校，把思想政治教育和师德教育作为教师成长的重要内容。

（一）以科学的理论武装人

抓好政治理论学习，坚持政治理论学习制度；加强政策、民主法制和维护社会稳定的教育；加强教师敬业爱生、为人师表的教育；加强教师心理健康的教育。

（二）以健全的制度规范人

要搞好教师思想道德建设，学校应制定各种制度并每月对教职员工进行一次师德评估，每学期进行 2～3 次学生及家长反馈，衡量教师的师德行为，对违反师德规定的教师，在晋级、评比中坚决实行一票否决。

（三）以先进的形象带动人

树典型，倡导高尚师德师风，讲正气，以丰富的活动激励人。通过开展演讲、事迹报告、安全分析、师德研讨等活动，激励教师树立具有高尚师德的形象。

二、努力营造学习、反思、进取的积极氛围

随着改革开放的不断深化，教育科研、教学改革等领域的研讨活动异常活跃，这就创造出了有利于教师强化反思的各种机会。在具体工作中，不少教师已经尝到了甜头。学校应努力创造机会，引导教师学会并参与这些活动，真正让反思成为教师自觉、主动的一种研究意识和能力，使之成为教师的一种习惯。为此，鼓励和指导教师结合自身的教育教学实践开展行动研究、案例研究不失为一种有效的途径和方法。在活动中，广大教师能不断积累丰富的教育教学经验，积极参与相关课题的研究，不定期地撰写教育教学心得、案例和论文，长此以往，许多教师将会脱颖而出，迅速成长为教育教学骨干。正是在参与活动的过程中，教师才能“逼着”自己通过学习不断反思自己的实践经验，提高自己的认识。

三、搭建有利于教师成长的平台

心理学研究表明，人的活动积极性源自需求。激发教师的需要，明确追求的目标，是激发教师积极性的基本途径。为此，学校应重点突出以下几个方面的建设。

（一）构建发展性教师评价制度

评价应是多元性的、建设性的和发展性的，学校可建立“教师成长档案”，对学科带头人、新教师（教龄5年内的教师）等学校中青年教师、接近退休的教师提出不同的要求，从不同的层次引导教师对自己的职责态度、素质能力和教学实效三个方面来评价自己的优点和不足。评价应注重教师本人的纵向比较，关注教师的成长和进步。

（二）加强教研制度的建设

1. 建立“师徒”结对子活动制度

聘请有丰富教研经验的教师对青年教师实施带教，及时指导和督促

他们不断积累和总结教育经验，让青年教师迅速加入科研型、高素质的骨干教师队伍，缩短其成长期。同时，加强部门间的联系协作工作，尤其是教务处与教科室的合作，开展课堂教学研究，争取得到扎实有效的课题研究成果，推动教学改革向纵深发展。

2. 推行“五个一”基础工程制度

即每学期读一本教育教学理论书籍、开一堂公开课、在组内或校内做一次教育教学心得发言、写一篇“教学反思”或论文、参加一个课题研究，促使全体教师把教育理论与教学实践紧密结合起来，引导教师成名成家。

3. 抓好教研骨干队伍建设

重点抓好学校领导组、教研组组长、课题组组长三支队伍，充分发挥他们在教研工作中的示范带头作用。通过学术研讨、专题讲座、现场观摩、外出参观等形式分层分类培训教研骨干。

4. 加强学科带头人的跟踪培养与目标管理

学科带头人要充分发挥在教研工作中的示范带头作用，在学校管理、学科教学研究中形成自己的特色，研究出一些高质量的科研成果，带动本组开展群体性教研活动。对已确认为学科带头人的教师要有计划地展示他们的教研成果，为他们搭建更高的发展平台。

第二节　地理教师开展校本教研活动的探索

教学质量是学校生存和发展的基石，提高教学质量的关键就是要不断地开展教学研究。课堂教学是学校开展校本教学研究的最主要的内容，在新课程改革背景下，出现了更多新颖的模式与内容。积极开展有效的校本教研活动，探索高效的课堂教学模式，是确保学校可持续发展的关键。

一、基于课堂教学的校本教研活动的内容与形式

随着我国基础教育课程改革的启动和深化，以课堂为主阵地，以行

动研究为主要方式的校本教研活动已成为教师专业成长的一条有效的途径。在新课程改革的背景下，校本教研活动无论从形式还是内容都发生了变化，其中基于课堂的校本教研活动更是以崭新的面貌、多变的形式成为新课程改革持续推进的不竭动力。

（一）同课异构

“同课异构”这一名称借鉴了地理学科中的“同分异构”，在地理学科中，同分异构体是一种有相同的地理式、有同样的地理键却有着不同的原子排列方式的化合物。有些同分异构体有相似的性质，但也有的性质相差很大。“同课异构”中的“课”是指教学内容，“构”是指教学设计。一般而言，同课异构有两种方式：①同一教学内容由不同教师进行处理、组织课堂教学；②同一教师对同一教学内容在不同教学班级以不同的构思处理、组织课堂教学。我们通常所说的同课异构大多是指第一种，也就是不同的教师选用同一教学内容，根据学生实际、现有的教学条件和教师自身的特点，对教学内容进行合理化安排，进行不同的教学设计。不同教师的教学风格、教师对课程资源的组合能力以及教师对教材的处理艺术，在同课异构中均能得到充分展现。充分比较、学习不同教师执教同一教学内容的教学案例，是教师提高专业化水平、提升校本教研实效性的一条有效而便捷的途径。

同课异构要求教师精心研究教材，潜心钻研教法和学法，以便各显风采，各具特色，也为集体研讨提供了很好的素材。这种校本教研活动是教师提高教学水平和教学能力、总结教学经验的一条有效途径，对整个教学质量的提升有着显著的作用。

以同课异构为主题的校本教研活动的基本流程是：组成小组→确定上课课题→进行教学设计→课堂展示和课堂实录→课后研讨→写出教学案例→形成课例。

活动开展前，教研组应确定至少有两位授课教师及一定数量较有教学经验的评委教师组成活动小组，然后由教研组研讨确定授课课题。授课教师根据课题进行教学分析，设计出教案初稿并进行试教。如果时间较充裕，授课教师还可根据试教情况进行教学再设计和再试教，直至确定较满意的教学设计（磨课）。开展活动时先由授课教师集中进行课堂教学展示，评委教师组织好其他教师进行听课（可以是其他学科），记下各自的课堂实录。课后研讨是该活动的重要内容。研讨时先由授课教师说课（教学设计、课堂生成、课堂自我感觉等），然后是听课教师点评与探讨，最后由主评教师评课（围绕研讨主题，可利用观课表等），同时完成评课稿。活动告一段落后，参加这次活动的所有教师都可以充分利用教案、观课表、课堂实录、评课稿以及研讨中迸发出的思想火花，结合各自的教学疑难和教学实际写出教学案例。以上过程中的点点滴滴（教案、观课表、课堂实录、评课稿、教学案例、头脑风暴等）都由专人负责记录汇编，从而形成本节课的主题研讨活动课例。

同课异构的教研模式能展示不同教师对教材不同的分析理解、不同的策略选择、不同的资源选用，呈现出课堂教学的多样化。另外，在这样的教学活动中，教师也能正视彼此之间的差异，积极吸收他人的优点和长处，在保持自己风格与特点的同时，相互学习，共同提高。

（二）课堂观察

自从有了课堂教学以来，课堂观察的行为就一直存在。课堂观察，顾名思义就是通过观察，对课堂的运行状况进行记录、分析和研究，并在此基础上谋求学生课堂学习的改善、促进教师发展的专业活动。在课堂观察中，观察者带着明确的目的，凭借自身感官以及有关的辅助工具（观察表、录音录像设备等），直接或间接（主要是直接）地从课堂情境中收集资料，并依据资料做出相应的研究。

课堂观察的主要任务是观察和评价课堂教学活动哪些是有效的、哪些是无效的甚至是有害的，评价的依据主要是教师的课堂教学行为与学生对这些行为的反应。因此，在实施课堂观察时，要根据观察计划，尽可能准确地记录教师的行为方式与学生的行为反应。由于课堂教学中的人际交往和信息交流相当复杂，需要记录的观察信息是海量的，因此可以根据研究的重点、评价者的经验、研究的具体条件采用适当的记录方式，如采用录音或录像的方法，也可以用一种特制的专门表格，在单位时间里记录下教师的某一种行为及学生的反应，如每隔 90 秒钟记录一次教师的行为（讲述、板书、实验等）和学生对教师行为的关注程度等。

课堂观察包括课前观察要素的确定、课堂实时观察与记录、课后分析与评价三个阶段。基于课堂观察的目的和功能分析，课前观察要素的确定是有效开展课堂观察的前提，为课堂实时观察及课后分析与评价提供方向与导向；课堂实时观察与记录是有效开展课堂观察的保障，为课后分析与评价奠定基础；课后分析与评价是对课堂观察实施效果的有效提升，对教师专业发展、提高教学质量起到关键性的作用。

课堂观察是听课、评课的一种范式，是教师研究课堂的一种方式或方法，有利于对课堂行为的局部进行分析与诊断，它主要有三项任务：①描述教与学的行为，诊断教学问题；②帮助教师改进课堂中具体的教学问题；③改变教师日常的课堂研究行为。如有可能，对一位教师的教学行为进行跟踪递进式观察，这对其专业发展有着非常大的促进作用。

（三）微格演课

微格演课是在微格教学和说课基础上发展起来的，它是以认识论、现代教育理论、教育心理学和学科教学论为理论依据，应用现代视听技术手段进行的对教学行为的及时反馈，是一种实践性、操作性极强的校本教研活动。这里的“微”是微型、片段及小步的意思；“格”这里是指分类研究教学行为的规律，从而掌握教学技能。任何一项技能都要通过练习才能获得，教学技能也不例外。

微格演课的过程主要有：对教学内容进行分解→分别就所承担的内容和任务进行教学设计→模拟真实课堂进行演课→就演课的结果进行讨论评估→二次演课→组合定型。

进行微格演课需先将教学内容分成若干子单元，如在地理教学中讲授“质量守恒定律”时，可将内容分解成概念、理论、实验、应用四个子单元，然后根据教研组内的人员数量确定分工，每人可承担一至两项任务。每个成员在进行微格演课时重点考虑自己所承担的部分内容，要细而又细，精而又精，同时还要顾及整体，只不过不必考虑自己所负责内容之外的细节。活动时，教师根据事先设定的教学步骤和教学时间依次进行演课。演课时将自己的同事当作学生进行教学演练，并请学校电教组拍摄成录像，便于教学研讨。演课完毕，教师应对执教者的教学发表意见，既要提肯定性的意见，也要谈改进性的意见，同时还应结合教学录像边看边评，执教者也可以在大家发表意见的基础上谈个人的看法。这样，通过讨论使大家的认识趋于一致。讨论结束后，执教者根据大家的意见修改自己的教学设计，并准备进行第二次演课。第二次演课既是对评估意见的接受，也是对改进建议的检验。最后进行组合定型。教研组在分解演课之后要将各个步骤依据教学目标和教学内容的逻辑顺序组合在一起，使之最后成为一堂完整的课。组合后的教学模型可以由教师直接用于真实课堂。

在进行微格演课时要协调好部分与整体的关系：微格演课将一个完整的内容进行分解，参与演课的教师在备课时要有整体意识，使子单元的教学设计能兼顾整体，使自己所承担的教学任务与其他人将要实施的教学步骤能够有机地联系在一起，对教学时间不能任意缩短或延长。

二、基于课堂教学的校本研究活动的体会与思考

新课程改革背景下的校本教研活动与原有的教研活动无论在内容、组织形式还是运行、保障机制等方面都有很大的不同。可以说，教师群体的同伴互助和合作文化是校本研究的标志和灵魂。校本教研活动的形式是多种多样的，对课堂教学的研究则是教师进行教学研究的永恒题材。同课异构、课堂观察、微格演课等校本教研活动，在新课程改革的背景下被赋予了新的内涵而备受关注，给人耳目一新的感觉。开展以课堂为核心内容的校本教学研究活动，使每个教师的想法得以展现，个体的才华得以发挥，实践水平和理论水平取得双重提高，从而有力地促进了教师专业的成长。

第三节　地理教师开展课题研究的探索

当前教师成为研究者的观念已成为共识，随着教育改革的不断深

入，教师专业化水平的不断提高，教育科研能力已经成为教师专业能力中的有机组成部分。在新课程改革背景下，教师必须改变长期以来习以为常的职业生活方式，从习惯性教学走向研究性教学，由单一的教学实践者变成教学的研究者，这对于广大中小学教师来说无疑是一种挑战。

地理教师不属于专业教育研究人员，但进行地理教学研究是地理教师的基本功之一，对地理教师教学水平的提高和教学改革的深化有着重大的作用。教师在新课改实施过程中要考虑制定教学目标、确定教学重点、考虑课堂教学进程、安排组织实验以及对学生学业的评价等，工作了一个阶段以后要回顾一下工作的得失，思考进一步开展工作的措施。这表明，事实上地理教师在进行教学工作的同时也在进行着教学研究。

一、地理课题研究的范围

地理课题研究是以实践为基础，深入分析和总结地理教育、教学工作中的现象，从而深刻揭示其本质规律的过程。通过对地理教育、教学中的实际问题不断思考、积极探索，可以对所研究的问题有较深刻的认识和独到的见解。地理课题研究涉及地理教育教学过程中的各个环节，每个环节都有研究不完的课题，主要可以从以下几个方面进行探索。

（一）地理课堂结构的研究

教学改革的深化，呼唤多样化的新型课堂结构的建立，有关这方面的问题亟待深入研究，例如地理教学目的与教学重点的确定原则与体现途径的研究、教学环节与课型的研究、并进式实验的选定原则与实施方式的研究、课堂练习的设置目的与组织形式的研究、课堂教学中如何实现学生学习方式转变的研究等。

（二）学生的素质结构及施教策略的研究

在地理教育教学中应怎样承担学生的素质培养、学生的素质结构应由什么组成和怎样施教等问题已迫切地摆在我们面前，需要由我们做出明确的回答。

科学世界观与方法论教育的研究，良好严谨学风的研究，不仅是素质教育研究的组成部分，也是素质教育运行机制中需要解决的问题。如高中地理长时间的考前总复习几乎成了一些学校中约定俗成的教学计划，这就需要研究其原因及复习课的地位与作用。

（三）地理课程标准和教材的研究

怎样在地理教学中完整地体现课程标准对知识和能力的规定、课程标准中的知识结构怎样在教学进程中形成网络等都需要有一批高水平的研究成果。根据地理新课程标准，目前国内出版了多套地理教材，教学设计的优化因为教材的多样化而有了更多可以参照的依据。要把“优化”变成可能，就得围绕课标要求，融合不同版本教材的内容进行多维对比研究。

（四）三维目标与思维能力培养的研究

课程标准规定高中地理教学主要应构建“知识与技能”“过程与方法”“情感、态度与价值观”相融合的高中地理课程目标体系。很显然，对这三种目标内容、目标之间关系、目标结构、形成过程以及它们在教学过程中发展状况的研究等，都是当前地理教学研究中有现实意义的课题。

学生思维能力的培养是教学研究中一个重要的组成部分，它往往对人的素质形成起着举足轻重的制约作用，这个课题较大，涉及多学科的协同，但并不妨碍从若干具体的地理问题入手来逐步探究解决。

（五）成熟理论再创造的研究

随着改革开放的深入，国外一些已成熟的现代教育理论纷纷传入我国，近年来国内也有一些新的教学模式涌现。对这些已成熟和基本成熟的理论，教师可结合自己的教学实际引进到教学改革中来，开展教学研究。

在做这类研究时，要注意的是不能机械地引用，要使实验与研究的过程成为一个再创造的过程。以一种理论为中心，可以兼收并蓄，吸收其他理论的优点，建构属于自己的教学工作体系。

（六）指导备考研究

有考试就有备考，用有限的时间指导学生准备高考，这与应试教育是两回事。教育改革在深化，我国的高考改革也在深化。指导备考的研究可以包括考试说明的研究、题型的研究、各种题型所承担的功能的研究、能力结构与考查的研究、实验考查的研究、试卷结构的研究等。尤其是高考对高中地理教学的导向作用应当是一个很重要的研究课题。

二、地理课题研究的一般步骤

（一）确定研究课题

进行课题研究，首先必须选好课题，这在一定程度上反映了整个研究的价值，它引导着研究的方向，制约着整个研究过程。选题主要突出一个“新”字，要选择有别于他人又符合教育发展方向的观点。另外，还可以从一个新的视角来分析地理教育教学现实中的问题或分析在教育领域新出现的、带有典型意义的问题等。

（二）制订研究计划

研究计划包括课题名称、课题组成员及基本状况、在课题中的分工、课题提出的背景和对教学工作的实际意义、本课题当前在国内外的基本状况、课题研究进度安排、课题研究的基本手段、课题研究的经费支持状况和使用计划等。

（三）查阅文献

从文献中了解他人在有关本课题各方面所做的工作及成就，为研究工作提供重要的线索，也可吸取前人工作的经验以避免工作的重复，少走弯路。

（四）确定控制因素

一个客观事实总是由若干因素构成的，在这诸多因素中有一个或几个对其他因素起着制约的作用，这样的因素称为控制因素。确定研究课题的制约因素，可为课题研究的顺利展开提供可靠的保证。例如，研究学生在学习地理时思维能力的形成，思维层次是它的基本因素，而思维层次与思维属性密切相关。在思维属性中，思维的创造性又是最集中的表现，因此在这个课题研究中，可以把思维创造性的形成作为控制因素。

（五）运用因素开展研究

在确定了有关因素和控制因素之后，就着手运用它们开展研究工作。常规手段有：进行有目的的研究性的教学实践、编制调查问卷并实施调查、用对比组的办法在一个阶段后进行测试、对所得数据做统计（有时要用计算机处理）等。然后用初步研究得到的结果提出一个有关本课题结论的假说，将这种假说应用于实践，对假说加以修正，最后得出课题结论。

（六）写出课题报告（论文）

教学研究多数是以课题报告（论文）的形式来表达其成果的。论文的一般结构应包括问题的提出、问题的研究、结论与反思等。研究论文的撰写是课题研究的最后阶段，直接关系到科研成果的呈现。

三、地理课题研究的体会与思考

（一）要重视过程

教师的科研意识是在教育科研的过程中展现的，教师参与教育科研的特点是“教中研”，包括接受既成的科研理论成果，将其转化为具体的教学规范，在教学过程中应用、实践。在教学中自觉地发现问题，然后进行自我探索、监控、评价，达到提高教学水平的目的。

（二）要注重应用

科学研究一般分为基础研究、理论研究和应用研究。教师研究的问题直接来自教育教学实践，是为解决具体问题服务的，它有极强的针对性和目的性。只有使科研与教学相结合，教师的科研活动才有价值。教师的科研应体现在如何将已有的教育理论研究成果尽快地转化到教育教学实践中去，促进教育教学水平的提高。教师在教育科研中应是一名学习者。首先，教师在参与教育科研时应是自主式的学习者。教育科研是一个不断发现、探索、解决问题的过程，这正是“学习”的本质所在。其次，教师作为自主式的学习者是贯穿教育教学过程始终的，只有学习行为日常化，教师的科研水平才能不断提高。

(三) 要遵循原则

课题研究要有科学性，即必须具有科学的客观根据和理论根据，所研究内容应具有可行性，并且应给出相应的理论支持和具体方案。

作为地理教师，应通过不断学习、研究、反思，来更新知识、确立理念、提升境界。向书本学习，确立合理的知识结构；向学生学习，做到教学相长；向同行学习，以便取长补短。现代学校鼓励教师进行研究，现代教师要学会研究，在教中研、在研中教。教师可以写教学日记，进行资料信息的研究；可以写教学札记，进行现状的研究；可以写案例分析，进行个案的研究；也可以将三者结合起来，进行持续的归纳、提炼、总结，直至形成研究成果。

第四节　地理教师开展自我研究的探索

在教育改革的进程中，教师学习一直被视为提高教师质量的重要手段，国内外学者对教师的职前培训和职后专业发展都做了较为深入的探讨。自我研究是西方教育领域在 20 世纪开始流行起来的教师学习和研究的途径，并在教学和教师教育领域迅速发展。自我研究具有内省与对话并存、追求教学原则而非方法、思考与行动并进等特点。自我研究有叙事、传记、教学日志、教师博客、行动研究、案例研究、教学反思等方式。

一、自我研究简述

自我研究源起于对传统技术理性主义教学的批判，摒弃其不分教学情境、对优秀教学行为和教学模式简单复制的弊端，希望教师以具体的、特定的教育教学情境为实践的起点，再以不同的方法和策略去行动。自我研究以发展教师为要旨，希望教师通过不断地批判审视自己的教学过程，发现其中的问题，寻找恰当的解决策略，这样教师既可解决教育教学的困惑，优化教学设计，也可积累经验，促进专业素质的提升。

自我研究贯穿于整个教学实践的全过程，是对一切影响教学进程的因素的研究和分析。在教学前，表现为对教学设计的分析，包括教学目标的分析，教学方法、教学工具和教学手段的使用等方面；在教学过程中，表现为对教学语言、教学行为、课堂氛围、学生反应等一切与课堂情境相关因素的分析；在教学后，表现为对教学效果以及整个教学过程的分析。

自我研究带有“质化研究”的色彩，长期以来，学者们一直认为只有量化研究的研究结果才是科学有效的，认为数据和表格更能科学客观地反映出教育现实。但是在教育领域，教育现象是十分复杂的，影响教育的因素很多，尤其是教育者和教育对象都是有意识的能动的人，他们的观念、态度、情感、知识、文化等对教育都会产生影响，而冷冰冰的数据是无法把这些因素体现出来的，所以人们开始尝试运用质化的研究方法来研究那些复杂的教育现象和教育问题。自我研究正是运用课例、叙事、自传、日志、博客等方式对教师行为以及行为背后的动因进行的研究。例如，对隐藏在教学日志背后的教师的教育理念和教育经验的研究，从课堂录像中教师对课堂问题的处理分析教师的教育教学经验的研究，这些都是对教育教学现象的质化研究。

自我研究既是在行动中的思考，也是在思考中的行动，思考的结果为行动提供活动依据，行动的过程和结果促进教师产生思考，两者相得益彰，彼此促进。

二、自我研究的特征

（一）内省与交流并存

“内省”是教师进行自我修炼和自我教育的重要方式和途径。它强调研究者以自己为实践和研究的起点，通过与学生、教材、家长、课程文化、课堂环境、社会、同事以及理论文献等一切与教学相关的事物之间的对话来实现对自我意识的唤醒。自我研究重视内省，但并不像字面上所显现的那样，只是拘泥于自我的活动。单纯的内省反思活动，通常较难顺利、高效地进行，无法使自己及时发现问题，而在跟他人交流对话时，人与人的思维发生碰撞，能激起更深层次、更大范围的思考。反思活动不仅是个体行为，作为教学研究活动更需要博采众长。教师将自己对某一问题的思考与解决过程呈现给其他成员，在充分交流的基础上，互相促进、互相提高。

（二）现实性和实用性

教师进行自我研究的课题中，出现最多的是教师在教学实践中面临的困境、矛盾、挑战、压力等，如：我目前的教学行为处于一个什么样的水平？我该怎样才能改善教学行为？为什么我在具体的教学实践中会存在理念和行为的脱节呢？我该如何摆脱困境，在工作中得心应手呢？诸如此类。通过对自我成长经历的描述，把技术和理性的东西隐藏起来，解释自己的教学状态，追寻教育工作的足迹，这是一种追寻“意义”的研究，而不是一种对于特殊问题追寻特定答案的研究。

（三）自我研究侧重于问题研究

许多有经验的教育研究者不约而同地提出，那些工作中出现的问题比获得的成绩往往更能吸引研究者的关注。问题通常包括两个方面：消极方面是指教师在教学过程中遇到的困难、困惑、压力和挑战等；积极方面包括教师在实践过程中产生的教学灵感、兴趣等。教师通过对问题的研究，使自己的专业素质得到提升，能更好地驾驭教育教学规律，提高工作效能。

三、教师开展自我研究的常用方法与途径

（一）教育叙事

教育叙事是指教师用叙述或讲故事的方式对教育教学过程中的事件进行描述、分析、论证和反思，从中发掘隐藏其中的教育思想、教育理论和教育信念，从而解释、发现或揭示隐含在复杂多变的教育现象中的本质和规律。

教育叙事研究的出现，实现了教育研究范式的转型，即开始由探究普适性的教育规律转向寻求情境化的教育意义，个体的经验开始受到人

们的重视。叙事常用的语言表达方式是叙述、描述而非理论概括。研究者要清楚地把故事呈现出来主要靠描述、叙述的方式，而不是通过论证、分析、归纳、推理的形式。夹叙夹议是叙事最主要的方式。其中以叙为主，以议为辅，是叙中带议，而不是议中带叙。以叙述为主，而不是以议论为主，这是叙事研究的文本区分于其他科研论文的重要表现。

叙事研究的特点分为：①叙述的对象是真实的教学事件；②叙述必须有突出的主题；③叙述必须具有“情节性”；④叙述中包含着反思性内容。

(二) 传记法

传记研究即教师的生活史研究，主要通过叙述的方式，分析教师在过去生活中的各种因素对教师的教育观念、教育行为等的影响及其意义。教师以传记的方式叙述自己的教育故事，即教师以自己的生活经历为背景去观察和思考世界，这就促使教师进入沉静思考的层面，倾听自己内心深处的声音，站在不同的角度反思和挖掘自我，于是就可能激发出许多连自己都意想不到的想法，它是现实的“我”与历史的“我”之间的对话。

(三) 教学日志

教学日志是教师结束一天的工作后根据教学过程反馈的信息，用精练的文字将所思所想记录下来。它既可以是对当天教学状况的技术层面的评价，也可以是批判性的反思。教师经常撰写教学日志，能及时检验出教学过程中的优缺点，以便总结经验，吸取教训，不断完善自己的知识技能结构，寻找解决问题的策略，用于应对日后类似的困难。

教学日志记载的内容常有：①听到的、看到的与教学有关的趣事；②进展顺利或不顺利的教学活动或者事件；③成功的经验和方法，灵感的再现；④始料不及和发人深省的问题；⑤教学工作中遇到的问题及解决方法；⑥体验到的情绪、情感或对某起教育教学事件的感受；⑦自己处理得较好的事情或对其他教师、学生或学校有启发意义的事情。

(四) 网络博客

“博客”一词源于“网络日志”（weblog），充分利用博客超文本链接、网络互动、动态更新的特点，可在网络信息流中精选并链接全球互联网中最有价值的信息、知识与资源，进行互动交流、深度沟通及简易的信息发布等。利用博客的核心在于终身学习、主动研究探索的思想。目前越来越多的优秀教师将自己的教学理念、教学行为、教学困惑以及一切与教育相关的问题发表在博客中，与同行、学生或专家交流，博客已成为教师们进行教学管理、交流的工具和教师专业发展的一个较新颖的平台。

（五）行动研究

行动研究是教师（或教师在研究人员的指导下）有计划、有步骤地围绕着学校的实际问题，通过边行动边研究的途径，合理地运用教育理论，研究和解决不断变化着的教育问题，改进并提高教学实效的研究。行动研究以提高行动质量、改进实际工作、解决实践问题为首要目标，同时强调教学行为与科学研究相结合，强调行动过程与研究相结合。

行动研究的一般程序有以下六点：①确立课题，包括发现问题、分析问题、确立课题；②查阅文献，包括分析现状、阅读文献综述；③制订方案，包括目的、假设、对象（范围）、方法（步骤）、资料（信息）、物质保障（经费、环境、设备、设施等）、时间、参加人员及能力分析、人员分工等；④实施行动，包括假设的设立及验证（可借鉴应用实验假说，但教育研究的假设有别于自然科学的实验假设，不能通过科学观察和实践直接进行观测），资料（信息）的收集、处理、综合，进行观察、问卷调查、实验，及时反馈、多方反思、不断校正；⑤总结反思，包括对研究资料进行整理、分析、解释，做出推论，并对研究进行反思评价，为新一轮的深入研究做准备；⑥评价效果。

在行动研究中，教师集“研究者”与“行动者”两种角色于一体，既是研究者又是被研究者，即行动者。通过“研究”和“行动”的双重活动，可将行动中的研究成果直接运用于自己的实践，进而提高自己改变实践的行动能力。行动研究的目的不在于建立理论、归纳规律，而在于改进和解决教育教学实践中的实际问题。

（六）案例研究

案例研究最初运用于医学领域中，是研究病人的案例。随着教育科学的发展，案例研究法在教育教学领域也得到了广泛运用，对提高教师专业水平具有重要价值。

案例研究通常以单一的、典型的对象（教学案例）为具体的研究内容，通过对其进行直接或间接的、深入或具体的考察，了解对象发展变化的线索和特点，并在此基础上设计与实施一些积极的教育措施以促进它的发展，然后把这些条件、措施与结果之间联系产生的认识与结论推广到对一般的人和事的发展变化的认识上去。案例研究需对一些典型特征进行全面、深入的考查和分析，整个过程就像解剖麻雀一样，让人们逐渐看清事物的全貌，因此这种方法也被形象地称为“解剖麻雀法”。

案例研究中精选教学案例是关键。教学案例一般由三个部分组成：①案例背景。简介案例发生的背景及研究的方法与主题等；②案例描述。教学案例必须蕴含一个或几个教学事件，对它的叙述必须相应地体现出一定的情节性和可读性，描述时应像讲故事一样具体生动；③案例分析。这是教学案例的关键，主要是运用教育理论对案例做多角度的分析，一般采用夹叙夹议或先案例再议论的方式。

案例研究的特点分为：①案例研究以案例为基本单位；②案例研究是“案”与“理”的有机结合。

（七）教学反思

教学反思是教师对自己的教育教学活动所进行的反馈性思考活动，是把他们的活动从感性的变成理性的、把无意识的变成有意识的思维加工过程。

教师在复杂的教学情境中对教学行为背后的理论和结果进行反复的、持续的和周密的思考，从而赋予教学实践以意义，寻求改善教学实践的可能方案。教学反思是慎思的过程，通过界定问题和寻求解决问题的方法来提高教学的质量。在教学反思中知识、思想和行动是整合的。教学反思在意义重构中的功能在于能够使经验中的各个部分之间、经验与经验之间、经验与其相关的知识之间产生有意义的联系。经常反思的教师不是仅仅寻求结论，也不是整日忙忙碌碌地工作而不去反思行动的理由和结果，而是从他们自己的实践和学生的学习中不断建构其中的意义，创造与此相应的理论。在教学反思中，教师所获得的不仅仅是对自己行动的理解、实践的改善、知识的扩展，还有对所拥有的理论的提升。

教学反思的特征有以下几点：①教学反思针对的是教学实践中的困惑和惊奇；②教学反思是批判性的思考过程；③教学反思是把具体情境概念化的过程；④教学反思是探究性的过程；⑤教学反思是把过去的经验引向未来的行动；⑥教学反思是从多元的视角重构教学情境的过程；⑦教学反思是教师主动学习的过程。

参考文献

[1]陈文献，王传忠，宋波．地理教学设计研究[M]．汕头：汕头大学出版社，2020．

[2]迟晓瑞，郎宇．新时代劳动教育视域下的地理教学实践研究[J]．吉林省教育学院学报，2022(6)：95－98．

[3]耿文强．聚焦核心素养课程理解范式下的地理教学实践[M]．杭州：浙江大学出版社，2017．

[4]龚靖雅．核心素养导向下高中地理主题教学实践研究：以"热力环流"教学设计为例[J]．福建基础教育研究，2020(2)：99－101．

[5]顾引兰．新课改下的高中地理教学之我见[J]．中学教学参考，2021(18)：37－38．

[6]关一龙，蔺芳，吴红波．地理信息技术与高中地理教学的融合实践：以"黄土高原水土流失"为例[J]．地理教育，2022(11)：8－12．

[7]郭酉妍．基于5E教学模式的高中地理教学设计实践研究[J]．中学政史地(教学指导)，2021(9)：46－47．

[8]纪金贝．高中地理课外实践活动教学研究[J]．中学课程辅导(教学研究)，2019(28)：13．

[9]贾凤芹，胡玉清．高中地理教学与信息技术的整合探究[J]．新课程教学(电子版)，2021(23)：157－158．

[10]兰淇宇．小议高中地理教学中的环保教育[J]．新教育时代电子杂志(教师版)，2021(20)：98．

[11]李明振．浅谈时事热点与高中地理教学的结合[J]．天津教育，2021(19)：107－108．

[12]李廷忠．高中地理教学中微课的应用探索[J]．新课程，2021(12)：151．

[13]李依铭.普通高中地理实证教学研究[M].厦门:厦门大学出版社,2013.
[14]李贞彩.高中地理教学典型问题的破解方法[J].清风,2021(12):79.
[15]刘刚,曹彤,赵丽娟.中学地理差异教学情境创设[M].北京:教育科学出版社,2018.
[16]刘莉.高中地理实践活动教学案例开发与设计研究[J].文科爱好者(教育教学版),2022(2):65－67.
[17]刘振.指向核心素养的高中地理情境教学实践探析[J].教学研究,2021(23):105.
[18]马群英.职业高中地理四步教学法的教学设计实践研究[J].教育教学论坛,2013(43):221－222.
[19]明春芳.刍议高中地理教学情境构建[J].新教育时代电子杂志(学生版),2021(2):25.
[20]钱凤英.基于学科核心素养的中学地理情境教学的实践研究[M].上海:上海教育出版社,2020.
[21]王建.高中地理教学情境的创设维度[J].中国教师,2021(3):47－49.
[22]王蕾.高中地理教学中的环境教育[J].新课程教学(电子版),2021(19):135－136.
[23]王扬.逆向设计在高中地理教学中的实践研究[J].中文科技期刊数据库(全文版)教育科学,2022(11):243－246.
[24]王允庆,孙宏安.课堂教学目标研究[M].北京:人民教育出版社,2015.
[25]魏明华.浅谈高中地理的教学方法[J].安徽教育科研,2021(32):19－20.
[26]吴俊和,赵中卫,肖丹.基于地理实践力的高中地理研学旅行教学设计探析[J].地理教学,2021(19):55－58.
[27]吴煜乐,高苹,陆静.指向深度学习的高中地理单元教学案例设计:以“地球上的光阴”为例[J].地理教学,2023(16):21－24.
[28]武剑英.高中地理项目式教学实践研究[M].济南:山东科学技术出版社,2020.

[29]杨广辉.基于核心素养的高中地理单元主题教学设计实践研究[J].新课程(下),2019(2):50.
[30]杨士军.走在地理教育探索的路上[M].上海:东方出版中心,2018.
[31]杨新.新编地理教学论[M].北京:科学出版社,2010.
[32]殷小霞.现代高中地理实践活动教学设计研究[J].中学课程辅导(教师通讯),2021(9):85—86.
[33]于洁.劳动教育与高中地理教学融合探析[J].天津教育,2021(21):131—132.
[34]于蓉.让核心素养领航高中地理教学:高中地理教学调研有感[J].江苏教育,2021(3):20—22.
[35]袁超.高中地理教学中核心素养的渗透[J].清风,2021(14):71.
[36]袁青,马立国.深度学习视域下高中地理问题式教学设计与实践研究[J].问答与导学,2022(25):126—129.
[37]周申立,王佑汉.现代地理教学论中学地理课程教学理念与方法[M].成都:西南交通大学出版社,2017.
[38]左桐彬.高中地理教学难点与突破[J].新教育时代电子杂志(学生版),2021(14):194.